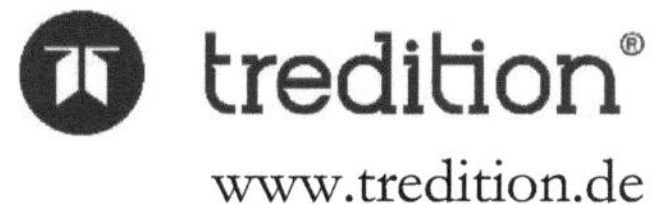
tredition®
www.tredition.de

AF393689

Klaus-Dieter Müller

Neues aus dem Schlaraffenland

Essays, Gedichte und Bilder

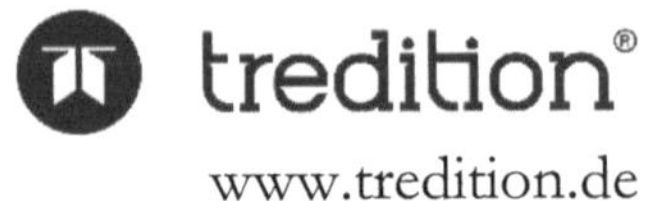

www.tredition.de

Verlag: tredition GmbH, Hamburg

ISBN
Paperback: 978-3-7345-7150-3
Hardcover: 978-3-7345-7151-0

Printed in Germany

Bild (Umschlagseite): Das Bild von Klaus-Dieter Müller trägt den Titel „Lebensfroh".

Neues aus dem Schlaraffenland...

ist ein erster Versuch, mit eigenen Gedichten, Geschichten und meinen Bildern Rückschau zu halten auf ein intensives, vielfältiges und privilegiertes Leben.

Wieso kommt einer, der im 65. Lebensjahr noch beruflich ausgelastet ist, dazu, die Retrospektive für sich zu entdecken? Wir gehören mehr und mehr zur Spezies, die sich täglich neu erfindet, auf biografische Festlegungen verzichtet und jede Gelegenheit beim Schopfe packt. Seit es Smartphones gibt, hat sich das Verhältnis von Zeit und Raum noch einmal radikal verändert. Die Menschen in unserer Gesellschaft haben in Tempo investiert und die Rendite der Langsamkeit aus den Augen verloren. Wer ständig für 90 % sinn-loser Meldungen erreichbar ist und im Hamsterrad des Tagesgeschäfts zunehmend versklavt, muss sich nicht wundern, dass ihm die Zeit davonläuft. Wir alle brauchen auch Erholung und Besinnung. Es geht nicht darum, *ob* wir Teil der mobilen Kommunikationsgesellschaft sein wollen, sondern *wie* es dem einzelnen gelingt, die Kommunikationsanforderungen der Umwelt und die eigenen Konzentrations- und Ruhebedürfnisse in Einklang zu bringen. Dazu gehört für mich auch die kritische Analyse dessen, was war, um das, was noch kommt, auf das, was noch fehlt, ausrichten zu können.

Inhaltsverzeichnis

Neues aus dem Schlaraffenland…..................................5

Meine Kunst 11

Vorwort 13

Kreuzzug meines Lebens 21

Abnabelung (Acryl auf Leinwand) 23

Adagio in Rot (Lidia Kalendareva, Alin Cristian Oprea) 24

Lebenslauf..27

Wenn der Olymp brüchig wird (Acryl auf Papier) 29

erwachsen werden 30

Privileg des Alters 31

In deinem Kopf muss die Freiheit grenzenlos sein 33

Ich will mein eigener Hofnarr sein............................34

Der Hofnarr (Acryl auf Leinwand) 35

Der Hofnarr (eine Komposition von Daniel Laumans) 36

Das Geierlamm..38

Der Gutmensch..39

Der Gutmensch (von Daniel Laumans) 40

Postmoderne 42

(Nichts vielleicht erklärlich)....................................44

Bäume, Menschen, was ihr wollt. 45

Sprachlos 47

Werte im 21. Jahrhundert 49

Schlaraffenland 57

Authentisch bleiben? 59

Anerkennung. 61

Macht Sozialdemokratie noch Sinn? 63

Das Versagen der Eliten und die kollektive Dummheit 77

Re: Deine Meinung ist mir wichtig 78

Das Versagen der Eliten und die Renaissance der
kollektiven Dummheit 79

Unergründlich ist nur die Dummheit 91

Politiker 2016 93

Propheten 94

Heimat. 95

Sicher, sicher über alles, über alles in der Welt 97

Räume der Gewalt 99

Mein Psalm 101

Das Selbst zwischen Egoismus, Dekadenz und
Toleranz. 103

Selfie 110

Der Schwarze Mann aus Kindertagen 111

Willkommenskultur 113

Weihnachten Anno Domini 2000 115

Das Selbst und eine Kultur der Selbstständigkeit 117

Brot und Spiele 123

Medien im digitalen Zeitalter und Verantwortung 125

Die Wissensgesellschaft als Therapie für den
informationellen Kapitalismus 150

Farben einer großen Stadt 157

Berlin ist … 159

Auferstanden aus Ruinen 161

Liebe und Nähe 162

Engel 163

Herr Keuner sagte: Es ist ein weit verbreiteter Unfug, ...164

Habe ich dich verdient. 165

Das Klassentreffen 166

Duell der Farben 167

Liebe bewegt. 169

Mutterliebe 172

Meine Mutter 173

Mein Lustgarten 174

Angst 177

Wider die Angst. 178

Wohin 179

Gedanken zu Sinn und Tod 180

Deine Zeit. 191

Wiederholungsschleifen wider die Angst 193

Vom Himmel hoch, da komm ich her. 195

Engel schwebt herab (eine Komposition von Daniel
Laumans) 196

Lebensart und Lebenskunst 199

Grenzen überwinden, Spiritualität erleben 205

Auszeiten. 211

Zeitgeist. 213

Auf den Tod wartet man nicht. 214

Der dynamische Kreis hat Halt gefunden 215

Literatur 217

Die Autoren 221

Meine Kunst

Neben der Liebe ist kaum eine Leidenschaft häufiger beschrieben worden als die Kunst. Ich möchte mich auf lediglich drei Zitate beschränken, die meiner Überzeugung am nächsten kommen:

„Kunst ist dazu da, den Staub des Alltags von der Seele zu waschen." (Pablo Picasso)

„Die wahre Kunst ist eine Kunst des Weglassens." (Oskar Kokoschka)

„Kunst ist nicht ein Spiegel, den man der Wirklichkeit vorhält, sondern ein Hammer, mit dem man sie gestaltet." (Karl Marx)

Für mich sind Schreiben, Malen und Dichten vor allem Entspannung. Es geht darum, mich von Erregungen zu befreien, rauszulassen, was raus muss, vor allem Gefühle, die ihren Ausdruck finden wollen.
Dabei möchte ich Sprache verdichten und Bilderwelten minimalisieren, auf das Wesentliche beschränken. Auf die vielen bunten Sichtweisen und blumigen Ablenkungen möchte ich verzichten, sie verklären den Blick nur unnötig.

Ich hoffe, mit meinen Essays, Gedichten und Bildern Denk- und Diskussionsanstöße zu geben, vielleicht bei anderen Erregung auszulösen und freue mich über jeden Beitrag und Hinweis: medienmueller@gmx.de.

Klaus-Dieter Müller, Dezember 2016

Vorwort

(unvollendet)

Mit den Jahren ändert sich nicht nur die Zahl der Dioptrie-Einheiten unserer Augen, sondern auch und vor allem unser Blick, mit dem wir die große und die kleine Welt, die Vergangenheit, Gegenwart und Zukunft, das eigene Leben und das Leben unserer Nächsten betrachten. Der Blick zurück hat ein immer größer werdendes Areal zu erfassen, nicht auf alles fällt ein Sonnenstrahl, vieles erscheint in einem anderen Licht. Der Blick nach vorn lässt die Endlichkeit des Weges erahnen – dass es hinter dem nächsten Hügel, hinter der nächsten Biegung oder – bei gerader Strecke – hinter dem Horizont noch weitergeht, gilt nicht mehr als ausgemacht. Den Blick auf die Tagesetappe prägt der Proviant für Geist, Seele und Körper im Rucksack, der nicht mehr nach Belieben aufgefüllt werden kann.

Klaus-Dieter Müller lässt uns mit diesem Buch teilhaben an seinen Blicken auf alle Landschaften, die er mit wachen Augen, klarem Verstand und großem Herzen über die weitesten Strecken dankbar auskostend, aber immer wieder auch gegen zerstörerische oder lähmende

Kräfte ankämpfend, durchwandert hat, und an seinem Blick auf das, was noch vor uns liegt. Sein Rucksack bietet ihm noch reichlich Verpflegung, zumal sie immer bewusster eingeteilt wird.

Sein Buch hat mich animiert, eigene Positionen zu bestimmen und zu hinterfragen. An mir bemerke ich mit zunehmendem Alter zunächst eine Milde im Blick auf alle menschlichen Schwächen. Wer das Leben wirklich gelebt hat, will heißen, wer seine eigenen Kräfte dankbar wahrgenommen und eingesetzt, Erfolge aber nie auf diese allein zurückgeführt hat, unter seinen Schwächen und dem, was diese angerichtet haben, gelitten hat, geschwelgt und gedarbt hat, anderen helfen und die Hilfe anderer empfangen durfte, die Energien leuchtender Sterne und verschlingender schwarzer Löcher in sich und behütende Mächte über sich spürt und erahnt, dass nur Liebe trägt und rettet, dessen Blick auf den einzelnen Menschen wird milde.

Ganz anders dagegen der Blick auf die Menschheit und das, was sie auf unserem Globus anrichtet. In diesem Blickwechsel liegt nur scheinbar ein Bruch. Eine auf grenzenloses ressourcenvernichtendes Wachstum programmierte Menschheit könnte man als Krebsgeschwür unseres Planeten bezeichnen, das bereits große Teile seiner natürlichen Lebensgrundlage zerstört und ihn aus dem Gleichgewicht gebracht hat. In diesem Bild wäre der einzelne Mensch eine auf blindes Wachstum (um?) programmierte Zelle im Organismus der Erde. Keine Krebszelle wird jedoch als solche „geboren". Sie entsteht dadurch, dass die Wächtergene in einer gesunden Zelle ihre Aufgaben nicht (mehr) erfüllen. Dies führt in unserem Bild zu der Frage, welche Kräfte in dem einzelnen Menschen, der ja wie jede gesunde Zelle eines Organismus zu Beginn seines Lebens alles (in seinem Fall: an seelischem und geistigem Potenzial) in sich trägt, um für das Gleichgewicht zwischen ihm und der ihn nährenden Natur zu sorgen und es zu bewahren, welche Kräfte also seine „Umprogrammierung" vom behutsamen Nutzer zum grenzenlos vernichtenden Verbraucher der eigenen Lebensgrundlagen und Vernichter der Nahrungsquellen eines anderen Teils der Menschheit (bevor das Krebsgeschwür übersatt an sich selber stirbt, tötet es bekanntlich zunächst andere Teile des Organismus) bewirken?

Hier wird der Blick nun schärfer, radikaler, auf mögliche Wurzeln und drohende Szenarien gerichtet.

Eine thesenartige Bestandsaufnahme:

An der Vernichtung der natürlichen Ressourcen unserer Erde verdienen wenige Menschen unvorstellbar viel. In deren Händen sammelt sich ein Reichtum an, der in seinem Volumen dem Besitz der Herrscherdynastien früherer Jahrhunderte in nichts nachsteht. Die damit verbundenen Möglichkeiten der Beeinflussung der Lebensverhältnisse wirken sich für die Menschheit genauso existenziell aus wie vor Jahrhunderten die Machtstrukturen beispielsweise des Feudalismus, die heutigen Mechanismen sind nur weniger durchschaubar. Milliardenvermögen können nach Belieben eingesetzt werden. Die Obszönität dieses Reichtums, der in keinem Verhältnis zu einer auch nur denkbaren Lebensleistung steht, von dem ein Bruchteil ausreichen würde, Menschen auf diesem Planeten nicht mehr hungern zu lassen, sollen freilich nicht in ein gesellschaftliches Bewusstsein treten. Die weltweit wirksamen Akkumulationsmechanismen können nur dann aufrechterhalten werden, wenn für einen Teil der Menschheit das Aufkommen jedweden Sättigungsgefühls außer Kraft gesetzt wird und sich der hungernde Teil nicht dagegen auflehnt, seiner Lebensgrundlagen beraubt zu werden. Bedingung dafür ist, dass es an der Fähigkeit zur fundamentalen Kritik im Großen und an geistiger Widerstandskraft im Kleinen mangelt. Das Denken bewegt sich auf geebneten Wegen und wird nur selten (aber eben von Klaus-Dieter Müller) als Disziplin zum Überschreiten gezogener Grenzen gelehrt.

Aber ist das alles überhaupt beklagenswert? Sind diese Verhältnisse vielleicht so wie sie sind menschengemäß? Hat sich die Menschheit darin bis zu ihrer Kenntlichkeit entwickelt? Dann bliebe dem Planeten Erde nur zu wünschen, dass diese Spezies möglichst rasch ausstirbt und die Evolution nach vielleicht einer Million Jahren (wenn auch der letzte Atommüll seine tödliche Strahlung verloren hat) eine neue Chance erhält. Oder schickt sich die Menschheit an, sich zu ihrer Unkenntlichkeit zu entwickeln – mit der Möglichkeit zur Umkehr?

Diese Frage führt zum Glauben, der eben auch unseren Blick auf die Welt prägen kann. Ich glaube an eine Kraft, die alles trägt, die alles verbindet, die keinen Anfang und kein Ende kennt, an die ich meinen Dank im Glück und meine Gedanken in Sorge sende. Weshalb sollte ich diese Kraft nicht Gott nennen. Aber: Gott können wir Menschen nicht erkennen – sonst wären wir ihm gleich. Deswegen müssen wir uns darauf beschränken, seine Spuren zu suchen und lesen zu lernen. Die Religionen bieten Anleitungen zu diesem Spurenlesen. Mich haben sie angeregt, meinen Blick geweitet, Gott mich finden lassen (!). Bedingungslos folgen kann ich keiner, was in mir auch keine Lücke reißt. Für mich tragen z.B. die Lehren des Christentums die Gefahr der Verengung des Spurenspektrums und der einengenden Dogmatik in sich, wenn sie Gott in Jesus zum Menschen und den Menschen Jesus Gott werden lassen. Diese Vermenschlichung Gottes rückt ihn für mich in weitere Ferne als ihn mir der Nachweis des im ganzen Universum allgegenwärtigen Higgs-Feldes nahebringt.

Aber: wenn Gott in allem ist und wirkt, dann auch in jedem Leid, in jedem vernichtenden Agieren. Kann der Glaube trotzdem helfen, die Frage nach des Menschen Wesen zu beantworten? Er kann. Thesenartig: Der Mensch ist ausgestattet mit Verstand. Im Laufe der Evolution entwickelte Intelligenz hat ihn befähigt, seine Lebensbedingungen nicht mehr von den Abläufen in der Natur vorgeben zu lassen, sondern die Natur seinen Lebensbedingungen zu unterwerfen. Wenn man so will, hat ihn der Verstand aus dem Paradies getrieben, weil er es als solches noch nicht erkennen konnte – er kannte ja nur dies. Das Gute kann nur wahrnehmen und anstreben, wer das Böse erfahren hat.

Leid kann also Gott als mögliche Kraft des Guten nicht wiederlegen, weil es ohne Leid kein beglückendes Gefühl der Dankbarkeit dafür gäbe, von Leid verschont zu bleiben oder von ihm befreit zu werden und nicht den Impuls, Leid zu verhindern oder zu lindern.

Aber welche Spur weist auf des Menschen Wesen? Hören wir in uns hinein, hallt ein Echo aus Urzeiten nach: Der Ruf nach Gleichklang und Gleichgewicht (Harmonie). Es bedarf nur einer „Harmonielehre", die das innere Gehör schult, um diesen Widerhall wahrzunehmen und die ermöglicht, daraus Konsequenzen für das eigene Leben und das Leben auf dieser Welt zu ziehen. Diese „Harmonielehre" müsste die Wächtergene stärken, damit Angriffe auf das Gleichgewicht abgewendet werden können. Sie hätte radikal alles zu bekämpfen, was diese Angriffskräfte nährt. Dieser Kampf wäre ein von innen getragener und nicht auf von außen vorgegebene Ziele gerichtet, so erstrebenswert sie auf den ersten Blick (!) auch erscheinen mögen. Einen stärkeren Hinweis auf des Menschen Wesen könnte ich nicht liefern: Ungleichgewicht gehört jedenfalls nicht dazu. Wir alle sind mit einem Gleichgewichtssinn ausgestattet. Leider ist er abgestumpft.

Was fehlt? Liebe.

Ich bin Klaus-Dieter Müller für sein inspirierendes Wirken sehr dankbar.

Gerald Goecke

Kreuzzug meines Lebens

Wenn Ich

mein Selbst

an die Hand nehme.

Träume zu Recht rücke.

Blutet die Seele.

Aber alles bleibt.

In Ordnung.

Abnabelung (Acryl auf Leinwand)

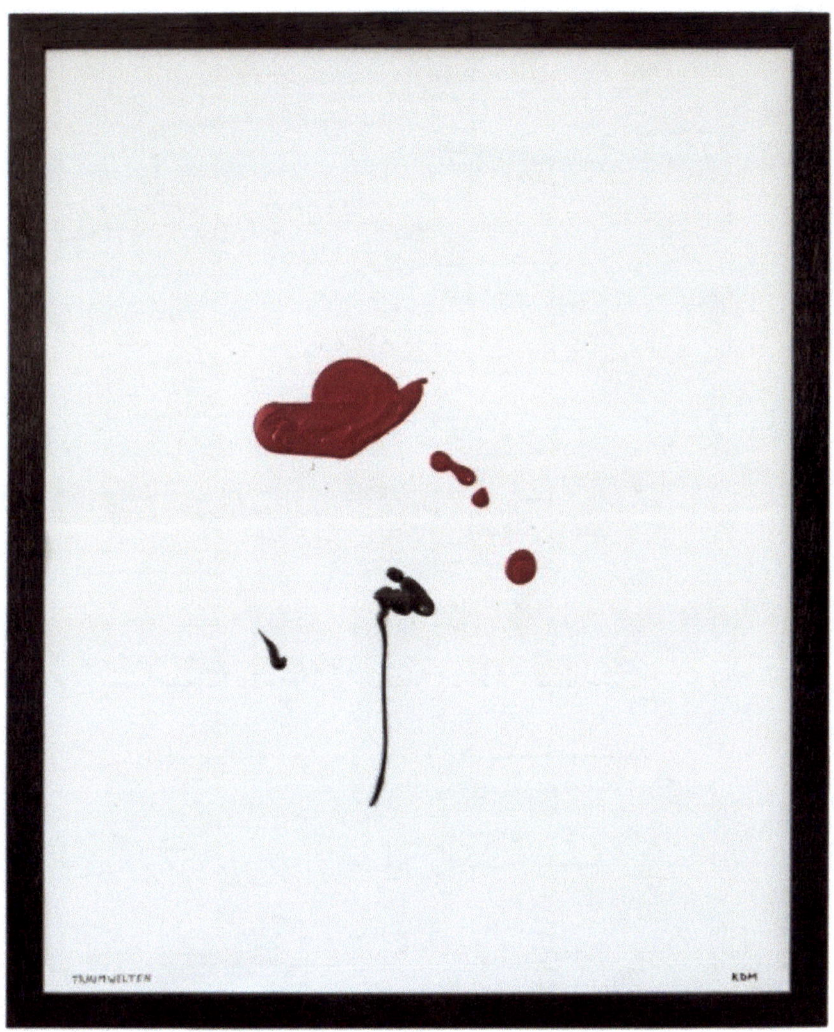

Adagio in Rot (Lidia Kalendareva, Alin Cristian Oprea)

Adagio in rot

Inspiriert durch die Bilder von Prof.Dr. Klaus-Dieter Müller
"Rote Engelin" & "Traumwelten"

Lidia Kalendareva
Alin Cristian Oprea

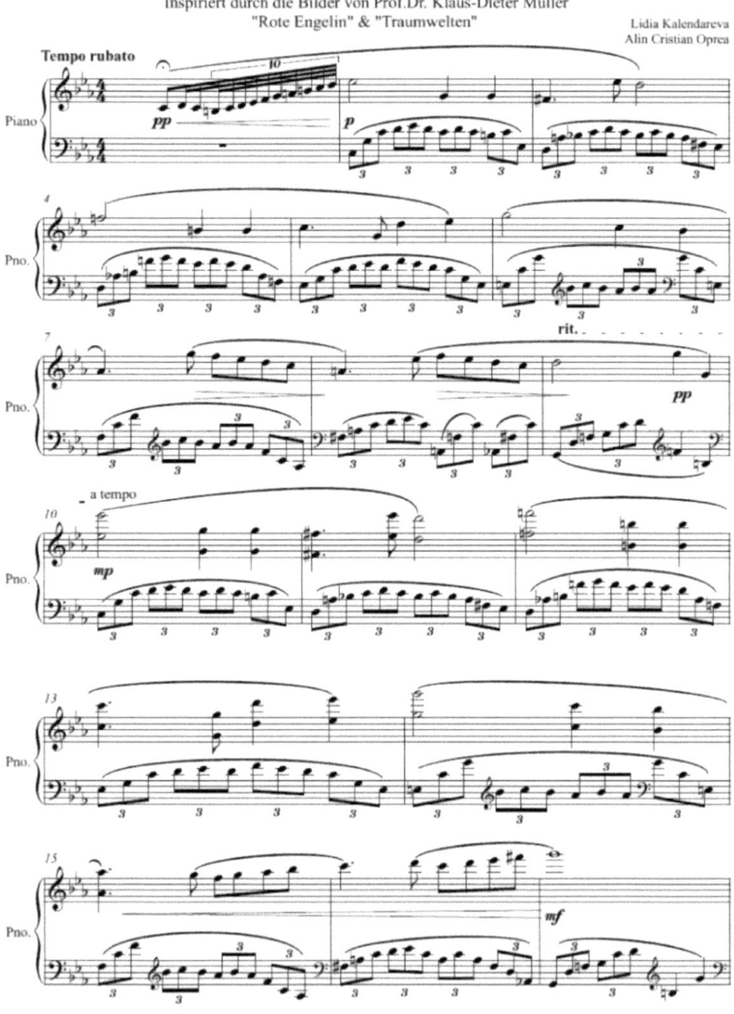

2
Pno.
18
f
22
Pno.
25
Pno.
8vb
rit.
28
Pno.
8va
a tempo
tr
31
Pno.
mf
13
3
tr
33
Pno.
12
3
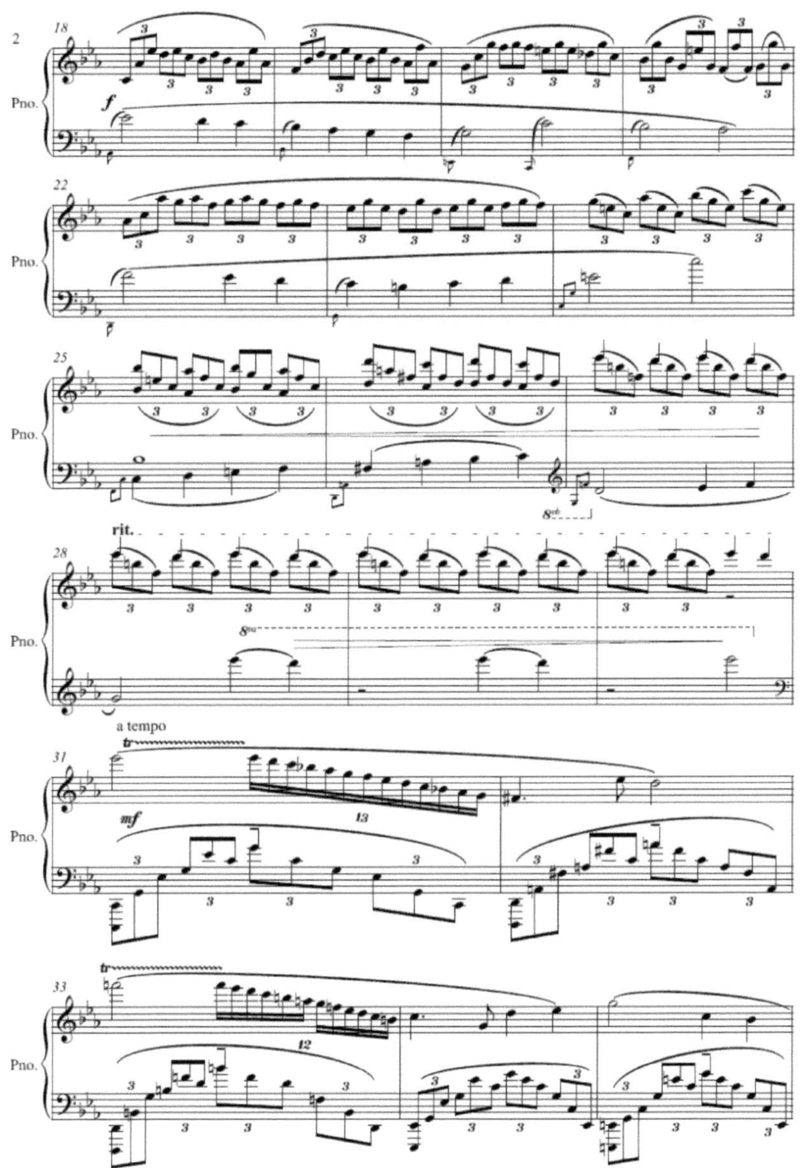

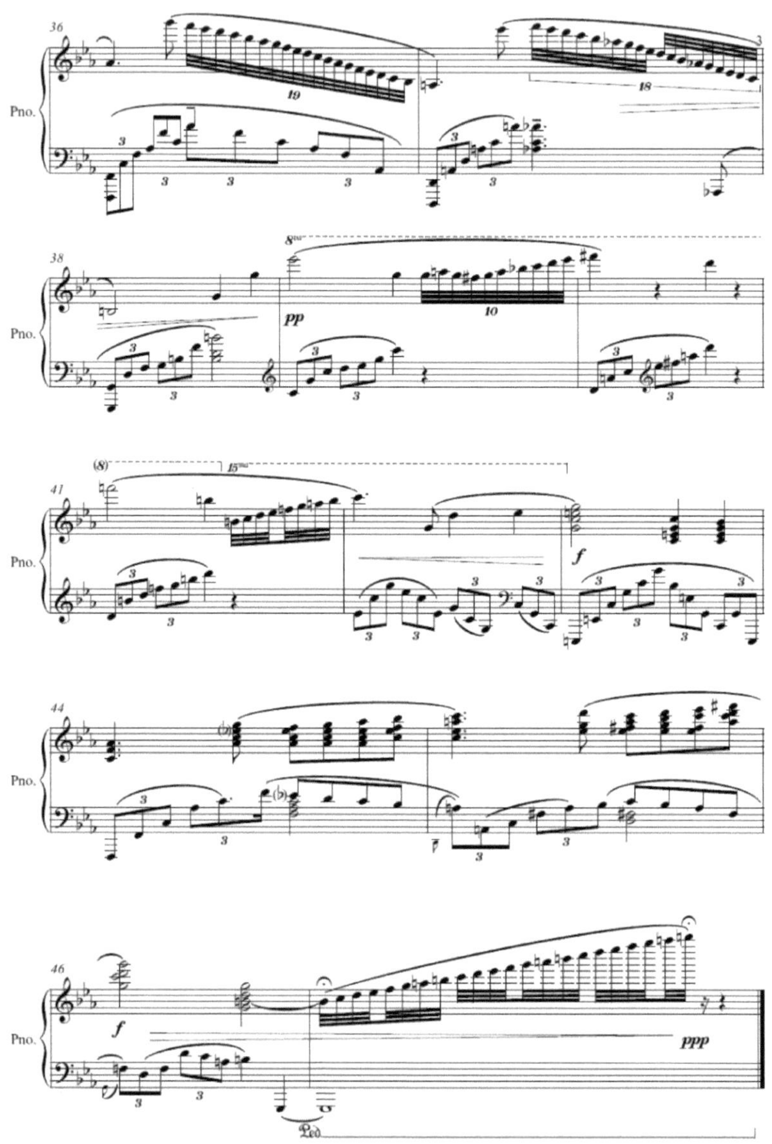

Lebenslauf

An lichten Nabelschnüren aus dem Paradies
geworfen.

Von Menschenmalern väterlich zurecht gebil-
dert.

Von Heldenhauern weich geklopft.

Krawattenkörper lautlos stöhnen.

Wenn rote Wellen Kronen tragen.

Das Sein verliert im Lauf die hellen Töne.

Über Narben immer wieder Brücken schlagen.

Beginnt das Werfen scheuer Blicke in die
Leere.

An Nabelschnüren hochgezogen, sanfte Rückkehr träumen.

Im Dunkeln bunte Farben glauben.

Auf ihren Koffern sitzt die Seele.

Im Fadenkreuz von Golgatha.

Das Leiden Christi als Erlösung?

Wenn der Olymp brüchig wird (Acryl auf Papier)

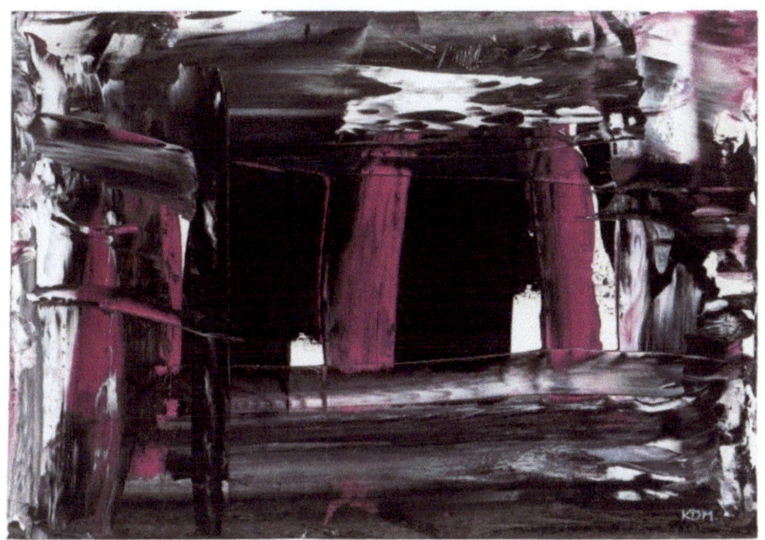

erwachsen werden

die ehrgeizige Suche

nach Edelweiß

trieb mich

in die Flucht

vor Lawinen

so stehe ich

in der Blüte

meines Lebens

inmitten

verschneiter Träume

im Tal

der Hoffnung

und plane

Krokusse zu pflanzen

Privileg des Alters

Pferde zähmen,

die Klippen

im Galopp genommen,

scheint möglich,

wenn die Tage

kürzer werden,

Gefechte in den Spiegeln

Zweifel nähren,

längst vernarbte Niederlagen

Gründe finden,

das Wollen mit dem Können

abgeglichen,

das Ich die Herde

laufen lässt,

Zukunft die Dimension verliert,

die Raserei als Stillstand entlarvt,

Jacobswege ausgetreten.

Im Alter darfst du

das Rot aufs Wesentliche richten,

was gut tut

ins Blaue heben.

Seelenschmaus

ist Zeitgewinn.

In deinem Kopf muss die Freiheit grenzenlos sein

Wellenreiten

an verbotenen Küsten

Freiheit verspricht

Stürme im Gehirn

Zweifel Abstand lehren

wo die Luft flüchtig

den Atem stockt

fliegen blaue Träume

am höchsten

erhabene Draufsicht

Gepflogenes nach Liliput verbannt

Kinderstube

auf gepflasterten Wegen

verlässlich

Illusionen raubt.

Ich will mein eigener Hofnarr sein.

Wenn ich mich

mit Freude

auf die Bühne zerre,

Spiegel vor der Seele

mein Selbst

die Possen reißen lässt,

die straflos bleiben,

das Lachen über Andere

den Zerberus entlarvt,

bringt mich das bunte Gefieder

ganz nah an mich heran,

ans Ziel, das viele nie erreichen.

Der Hofnarr (Acryl auf Leinwand)

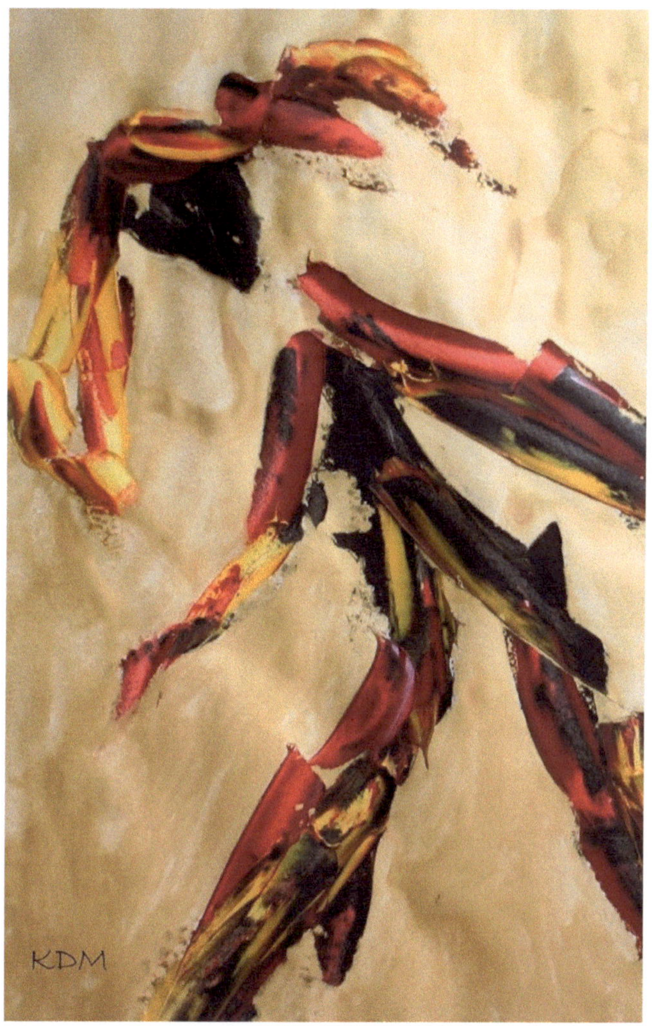

"Besser ein geistreicher Narr sein als ein närrischer Geist." W. Shakespeare in King Lear

Der Hofnarr (eine Komposition von Daniel Laumans)

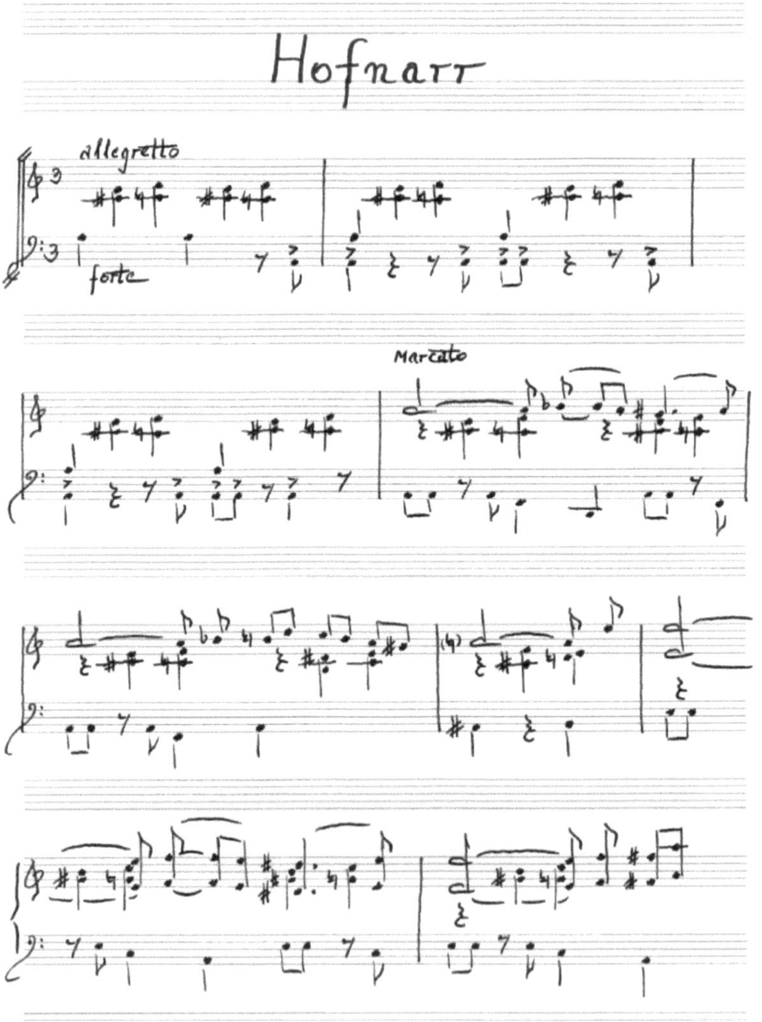

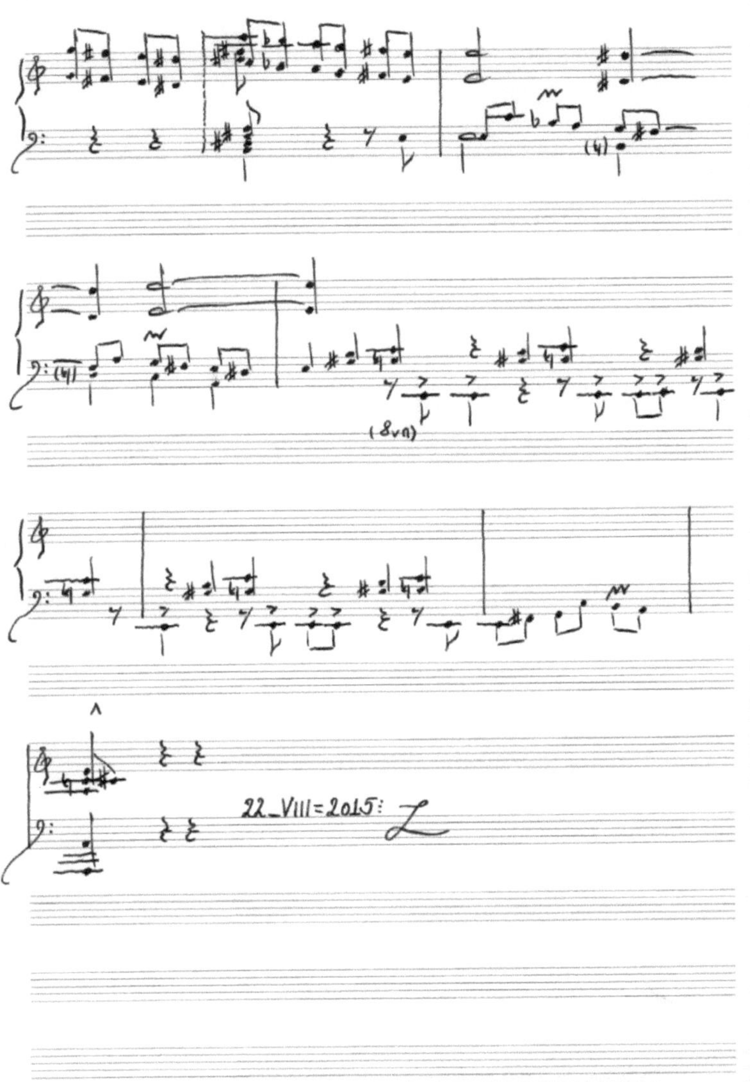

(4)
(8va)
22-VIII-2015:

Das Geierlamm

Der Lämmergeier ist bekannt, das Geierlamm
erst hier genannt.

Der Geier, der ist offenkundig, das Lamm hin-
gegen untergrundig.

Es sagt nicht hu, es sagt nicht mäh

und frisst dich auf aus nächster Näh.

Und dreht das Auge dann zum Herrn.

Und alle habens herzlich gern.

Christian Morgenstern

Der Gutmensch

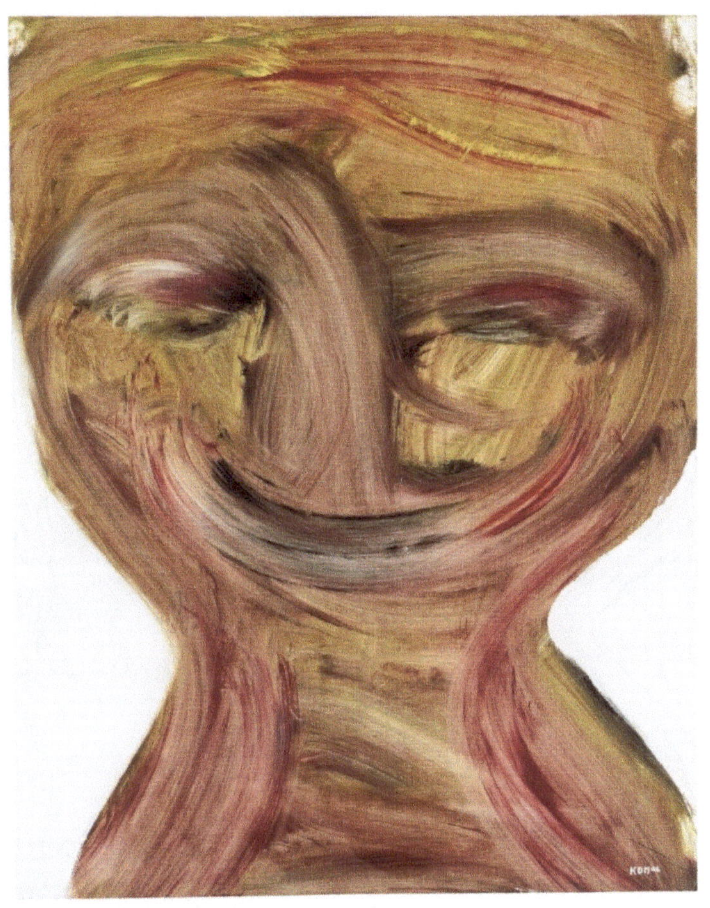

Ich habe mein Bild **„Der Gutmensch"** genannt,

Morgenstern nennt diese Spezies „das Geier-

lamm"

Der Gutmensch (von Daniel Laumans)

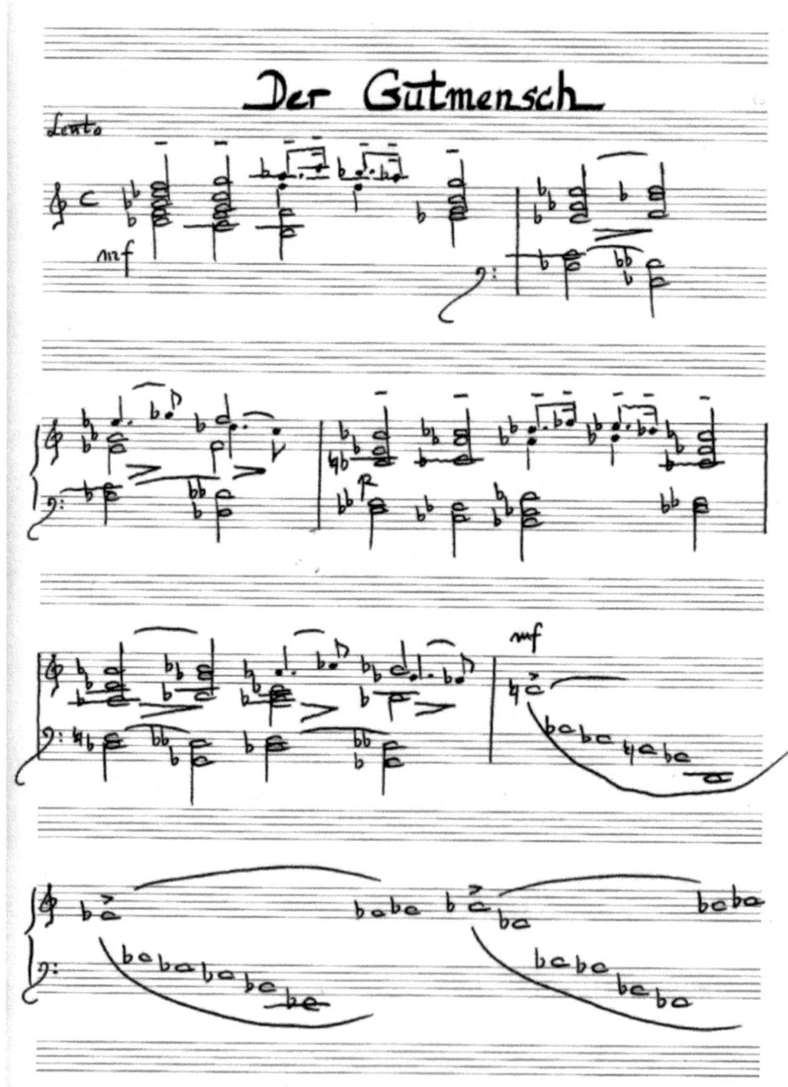

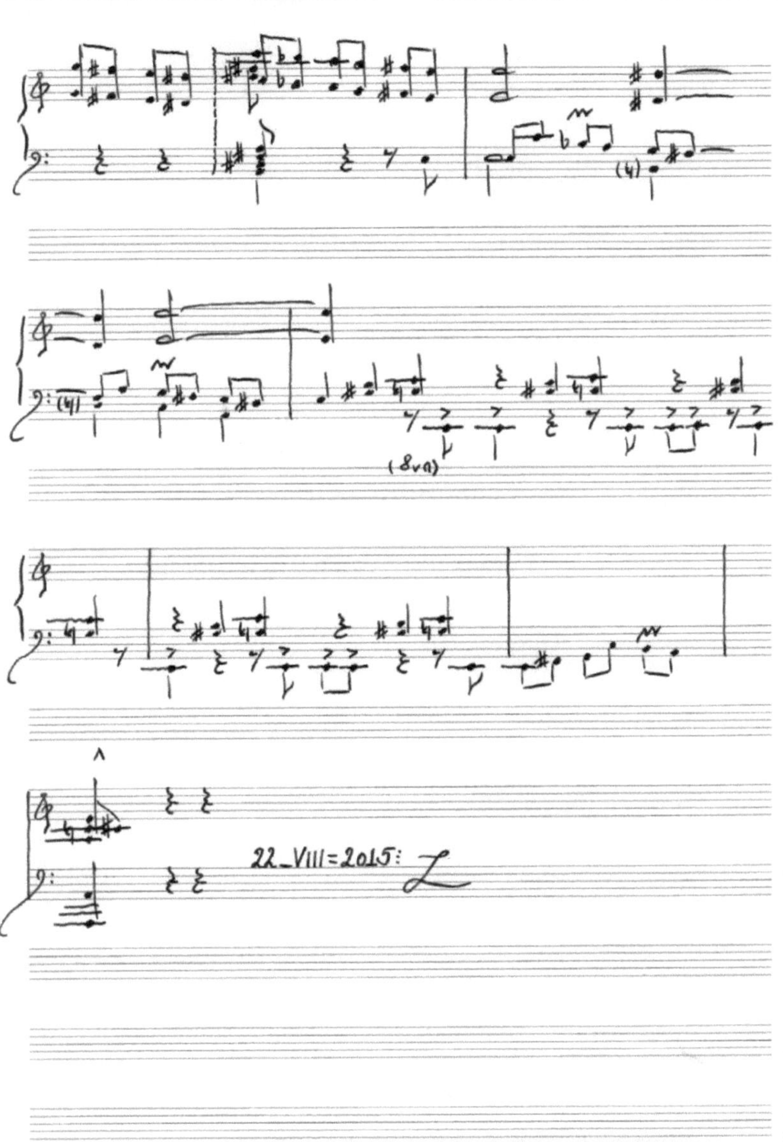

41

Postmoderne

Als ich auf einem Spaziergang

im Schlaraffenland

die Postmoderne

zur Verantwortung

zog

es mich hinab

solidarisch

alles unterschreiten zu wollen

Lesestoffe in die Flucht

schlagen

doof ist wie dement

das Selbst

scheint

nichts zu spüren

Liebesgrüße

an Bolle

stets köstlich amüsiert

Marx Irrtum

Verelendung sieht anders aus

warme Hintern und volle Mägen

tragen leere Köpfe

Nahrung ist audiovisuell

wie du sie fütterst

so schmeckt es heraus.

(Nichts vielleicht erklärlich)

Menschen stehn vor einem Haus,-

Nein, nicht Menschen, -Bäume.

Menschen, folgert Otto draus,

Sind drum nichts als – Träume.

Alles ist vielleicht nicht klar,

nichts vielleicht erklärlich,

und somit, was ist, wird, war,

schlimmstenfalls entbehrlich.

Christian Morgenstern

Bäume, Menschen, was ihr wollt.

(Acryl auf Papier)

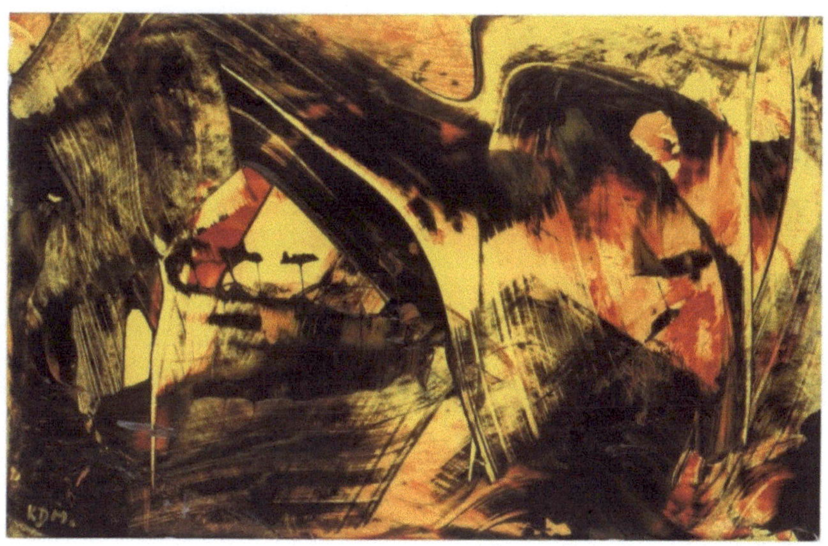

Sprachlos

Schwärme

von Wassersportlern

ohne blaue Kronen

im weißen Rauschen

Zerstreuung finden.

Worte suchen

die digitale Weite

im Jenseits

der Sprache.

Derer sind ohnedies

genug gewechselt.

What´s App?

Werte im 21. Jahrhundert

Im Zuge des Aufbrechens traditioneller Familien- und Gesellschaftsstrukturen ist in unserer Gesellschaft das Ideal einer für alle verbindlichen Werteskala einer pluralistischen Werteordnung gewichen, in welcher der Individualismus des Einzelnen die Maßstäbe setzt. Der grenzenlose Individualismus als Weg in die Spaßgesellschaft, das Leben auf Pump in materieller wie ideeller Sicht ist meiner Überzeugung nach nur ein kurzes oberflächliches Glück. Unsere Gier nach immer höher, weiter und mehr hat uns ignorant alle gut gemeinten Ratschläge unserer Vorfahren bei Seite räumen lassen. Nun gebe ich zu, dass Kants Kategorischer Imperativ (Handle nur nach derjenigen Maxime, durch die du zugleich wollen kannst, dass sie ein allgemeines Gesetz werde.) denn doch die meisten –mich allemal – überfordert. Warum aber meiden wir die Verantwortung, setzen das „Prinzip Verantwortung“, wie Hans Jonas es nannte, außer Kraft? Kann ich mich lange wohlfühlen in einer Gesellschaft, denen die nachfolgenden Generationen und die allgemeinen Lebensbedingungen der anderen auf der Welt gleichgültig sind? Kann ich mir dauerhaft genug sein in meiner egoistischen Sucht nach Unterhaltung und Konsum?

Gehört nicht für uns alle zu einem gelingenden Leben die Anerkennung? Folgt nicht auch das Streben nach immer höher, weiter und mehr genau diesem Anspruch, von möglichst vielen anderen ernst genommen, vielleicht sogar geliebt zu werden? Wie wenig belastbar diese „Erfolgskriterien" sind, zeigen die Schicksale und Lebenswege der meisten sog. Promis (Bekanntheit ist per se noch keine Anerkennung, viele sind nur als nützliche Idioten bekannt und erfüllen Klischees). Aber auch sehr viele Ruheständler, die von heut auf morgen keine Einladungen mehr bekommen, kennen das. Wie oft habe ich mir Illusionen genommen mit dem leisen Hinweis: „Diese Einladung gilt nicht dir, nur deinem Amt und deiner Funktion, in der du hier und heute nützlich bist." Ist Anerkennung, die überdauert und belastbar ist, ist Zuneigung und Liebe nicht nur über verantwortliches Handeln erreichbar, das authentisch überzeugt, das andere dankbar, vielleicht sogar verlegen macht? Für mich ist das das verhängnisvolle Paradoxon westlicher Gesellschaften: Wir machen uns vor, man könne nachhaltig ernst genommen werden durch Geld, Macht und einen medialen Exhibitionismus. Das geht

nur gut, solange man „en vogue" ist, solange
der Rubel rollt und man nützlich erscheint.

Und holt uns die Ignoranz, Schreckliches, Leid
und Unterdrückung anderer auszublenden,
nicht schneller ein, als uns lieb sein kann? Wer
über Jahrhunderte ¾ der Erdbevölkerung aus-
beutet, wie es die sog. Westliche Welt getan hat
und weiter tut, muss sich nicht wundern, wenn
sich immer mehr von ihnen zu uns auf den Weg
machen, wie ich gerne denen entgegenhalte,
die sich Flüchtlingsströme nicht erklären können (wollen).

Haben wir alle Werte aus dem Blick verloren?
Ist unser Denken und Handeln beliebig geworden? Für mich sind seit Jahren die Ergebnisse
der Shell-Jugendstudien besonders aufschluss-
reich, die seit 1953 Lebens- und Verhaltensweisen, Einstellungen und Mentalitäten der Jugendlichen zwischen 12 und 25 Jahren doku-
mentieren und analysieren. Die 17. Studie ist
in 2015 erschienen.

Der Wunsch nach stabilen sozialen Beziehungen und die Bereitschaft, sich im persönlichen
Umfeld für die Belange von anderen oder für
das Gemeinwesen zu engagieren, haben für die
jungen Menschen in unserem Land Priorität:
89 % finden es wichtig, gute Freunde zu haben,

85 % einen Partner, dem sie vertrauen können und 72 %, ein gutes Familienleben zu führen. Aktuell berichten 34 % der Jugendlichen, dass sie *oft* für andere im Alltag aktiv sind, bei den 18- bis 21-Järhigen liegt das Engagement für andere sogar bei 40 %.

Eine Mehrheit der Jugendlichen (56 %) berichtet, dass sie sich schon an politischen Aktivitäten beteiligt haben, distanziert verhalten sich Jugendliche auch weiterhin gegenüber einer Mitarbeit in einer Partei, nur 2 % geben an, in einer Partei oft oder gelegentlich gesellschaftlich aktiv zu sein.

Besonders positiv finde ich, dass 2/3 der Jugendlichen ihre Bereitschaft zu einem umweltbewussten Verhalten erklären und 82 % (!) der Befragten den Wert „Die Vielfalt der Menschen anerkennen und respektieren" für wichtig erachten, 60 % sogar für ganz besonders wichtig.

Und selbst die Sorge um eine grenzenlose und unkritische Nutzung des Internets muss relativiert werden. Fast alle (99 %) sind online, 2002 waren es erst 66 %, und sie sind pro Woche durchschnittlich mehr als 18 Stunden im Netz. Aber immerhin geben 72 % an, mit ihren Daten im Internet vorsichtig umzugehen. 39 % geben sich auch eher kritisch in Bezug auf Social

Communities im Netz und nutzen lange nicht alle Möglichkeiten. Das zweite Drittel ist auch nicht unkritisch, will aber dabei sein. Nur 3% lehnen eine Kritik am Internet generell ab. Deutlich zurückgegangen ist seit 2010 der Wunsch, möglichst viele Kontakte zu anderen Menschen zu haben. Die Inflation der Kontakte im Netz scheint eine gewisse emotionale Abwehr ausgelöst zu haben, vermuten die Autoren der 17. Shell-Jugendstudie.

Eine Forsa-Studie aus November 2014 ermittelt, dass nur 1/3 der Bevölkerung mit engsten Freunden überwiegend übers Internet kommuniziert, bei den 18- bis 29-Jährigen sind es immerhin 54 %. 43 % unserer Bevölkerung glaubt, dass das Internet zu mehr Engagement für andere Menschen führt, bei den 18- bis 29-Jährigen sind es 57 %.

Diese aktuellen Erkenntnisse bestärken diejenigen, die Kultur- und Gesellschaftspessimismus für falsch halten. Aber viele Menschen sind verunsichert: Immer heftigere Naturkatastrophen, globaler Terrorismus aus religiösem Wahn, steigende Gewaltbereitschaft - auch vor der eigenen Haustür -, schrankenlose Eingriffe in die Privatsphäre und persönliche Daten und vieles mehr lassen Viele nach Antworten suchen. Wo Staat und vor allem Politik keine gemeinsame Identität stiftenden Instrumente für die Menschen säkularer Mentalität und Lebensführung mehr anbieten können (68 % der Jugendlichen in den neuen Bundesländern bewerten den Glauben an Gott als unwichtig, 45 % in den alten Bundesländern), schafft dieses Vakuum neue Wirkungs- und Überzeugungspotenziale. Und hier liegen Chance und Risiko dicht beieinander. Die demokratischen Parteien, aus meiner Sicht vor allem die SPD, müssen wieder mit bestimmten Werten identifiziert werden und die Protagonisten einer jüdisch-christlichen Werte-Tradition müssen aus ihrer Verteidigungshaltung herauskommen und ein eigenes Deutungs- und Interpretationsrecht deutlich machen. Es muss wieder gelingen, soziale Verantwortung und christliche Werte und ihre Orientierungskraft für die Menschen deutlich werden zu lassen und nicht von Kanzeln herab oder in akademischen Kolloquien, sondern auf dem Boulevard. Wenn das nicht gelingt und wir das Feld religiösen und politischen Eiferern überlassen, kann das verheerende Folgen haben, vor allem dann, wenn wir Einschränkungen bei unserem Wohlstand erfahren würden.

Ich bin aus diesem Grund seit über 5 Jahren als Vorstand der überkonfessionellen Stiftung „Christliche Werte leben" tätig und werde auch nicht aufhören, die Arbeit meiner Partei zu begleiten. Junge Menschen sind mehr denn je zum Engagement bereit, erkennen aber in einer offenen und digitalen Gesellschaft Widersprüche und mangelnde Glaubwürdigkeit schnell. Wer Vorbild sein will, muss authentisch und glaubhaft handeln. So schwer das gerade in politischer Verantwortung auch gelegentlich sein mag beim Weg durch Bündnisverpflichtungen und pragmatischem Entscheidungsdruck.

Schlaraffenland

Der Löwe beherzt

selbst in fremden Wäldern

brüllen kann.

Der Specht furchtlos

tiefe Löcher bohren darf.

Das Spielfeld der Gedanken

die Eckfahnen verliert.

Gebratene Tauben

in die Rachen fliegen.

Die Völlerei leichtfüßig

Genesung erfährt.

Rückkehr nach Elysion,

von den Göttern geliebt?

Vielen hat es den Atem verschlagen.

Die Datenmeute will dich transparent.

Die Ketten der Sicherheit

durch die Nasen gezogen

tanzen wir Bären

nach den Rattenfänger-Pfeifen

im Gleichschritt, marsch!

Die freie Welt entpuppt sich

als Manege.

Löwen und Spechte nur

der Unterhaltung dienen.

Wenn dir das reicht,

genieße weiter

im Schlaraffenland.

Authentisch bleiben?

Die erfolgreiche Jagd nach Edelweiß,
ohne die Tauben nicht bereit wären,
die Spatzen aus der Hand zu geben,
fordert das Chamäleon in mir,
Farbenwechsel der Kriechtiere.

Kalte Herzen würden höherschlagen,
wenn dünne Luft den Atem raubt,
Gaukler den allgemeinen Beifall finden
im Rollenspiel der Etiketten.

Löwen, Tiger, selbst die kleinen Katzen
müssen ohne ihre Masken
furchtlos, enttarnt zu werden,
Bodensträucher lieben lernen.

Anerkennung.

Was kostet dieses Glück?

Das eigne Selbst verleugnen

bis zur Bescheidenheit.

Die Überwindung

zur Liebe

deiner Nächsten

ohne Ausnahme.

Demut im Überfluss.

Sie lieben solche Helden,

selbst als Gaukler vorgeführt,

bis die Masken fallen.

Denn Spiegelbilder lügen nicht,

verderben aber

viele gute Launen.

Drum richten sie

selbstgefällig

aus Überzeugung

über Andere gern,

während gebratene Tauben

im Sinkflug

ihre Münder stopfen.

Mit vollem Munde spricht man nicht.

Kehrzeiten im Schlaraffenland.

Macht Sozialdemokratie noch Sinn?

Digitalisierung und Globalisierung haben die Welt verändert, haben die Voraussetzungen, nationale Politik wirksam zu betreiben, neu gefasst. Die nationalstaatlichen Möglichkeiten sind unter Druck geraten:

Milieus und Lebensstile formen sich immer weniger national, sondern im Spannungsfeld von lokaler Kultur und globaler Kommunikation. Die Migrant/innen verlassen ihre Heimat, nehmen aber ihre Lebensweisen mit und tun sich in Paris oder Hamburg wieder mit ihren Landsleuten zusammen, der afrikanische Raum ist auf einmal in Europa, türkische Parallelgesellschaften entstehen in Brüssel und Berlin.

Auf einer anderen Ebene der räumlichen Dimension von Politik ist der Terrorismus zu nennen. Der moderne Staat ist nicht nur philosophisch eine offene Gesellschaft, sondern auch die Infrastruktureinrichtungen sind transparent. Global agierende Verbrecher spekulieren auf die Angst von vage definierten Feinden, die Verletzlichkeit der Staatskörper wird spürbar, das macht uns Angst. Und die Politik reagiert hilflos und allzu häufig zu wenig differenziert:

Alles fördert die Sicherheit, die Brandschutztreppe, aber auch Datenspeicherung und die
NSA-Kriminalität.

Die informationstechnologische Revolution war
auch entscheidend für die fundamentale Neustrukturierung des kapitalistischen Systems
seit den 1980er Jahren. In der informationellen
Wirtschaft ist das Kapital transformiert. Es
existieren weiterhin die Inhaber von Eigentumsrechten (Aktionäre, Familienunternehmer/innen usw.) und natürlich auch das Management von Unternehmen. Die Profitaneignung vollzieht sich aber vor allem auf den globalen Finanzmärkten. „Diese basieren auf der
Vernichtung von Raum und Zeit mit Mitteln
der Technologie, also der Fähigkeit, unablässig
den gesamten Planeten nach Investitionsmöglichkeiten abzusuchen und innerhalb von Sekunden von einer Option zur nächsten zu wechseln", wie Manuel Castells es beschreibt. Wenig
Handlungsspielräume für nationale Politik.

Es ist ein Unterschied, ob man die Emanzipation des Menschen in der Erwerbsarbeit begründet sieht oder in jeglicher anderen Form
von Tätigkeit. Im ersten Fall handelt es sich
um eine Beziehung zwischen Kapital und Arbeit, hier wurde die Emanzipation als das Her

austreten aus ungerechtfertigten Abhängigkeitsverhältnissen kollektiv erkämpft, damit die Individuen eine Autonomie genießen konnten. Die reformistische Gewerkschaftsbewegung erkannte den Arbeitgeber an, der seinerseits für gute Arbeitsbedingungen zu sorgen hatte, die Verantwortung war eindeutig zugewiesen. So waren über lange Zeit mit dem Autonomiegedanken in der Arbeitswelt vor allem Arbeitsgestaltungsmaßnahmen verbunden (Humanisierung des Arbeitsplatzes). Heute dagegen geht es immer mehr um die Selbstorganisation und Verantwortung von individuellem und kollektivem Arbeitshandeln. Damit ist gemeint, dass der Wert der Persönlichkeitsentfaltung zurücktritt hinter die Notwendigkeit moderner Arbeits- und Selbstorganisation. (Hierzu näher: Christoph Hilger, Klaus-Dieter Müller (2016), Reiseland Ich, Wege zur besseren Selbstführung; tredition Hamburg)

Die SPD verliert dabei den Ort ihrer politischen Steuerungsbemühungen und die Arbeiterklasse ist der Heterogenität der Arbeitswirklichkeit zum Opfer gefallen. Die Entgrenzung von Politik und die Fragmentierung der Wählerschaft bedrohen den Traditionshaushalt der Sozialdemokratie. Die SPD leidet. Sie leidet in ihrer Seele, sie tut sich schwer damit, das Streben nach Kontinuität und stabiler Identität aufzugeben, sie will Vermittlungsagentur des Wandels sein und gerät im Strudel inkrementeller Politik unter die Räder.

Richtig ist: Eine notwendige programmatische Konsistenz ist nicht leicht herzustellen in einer Gesellschaft ohne homogene Soziallagen und geschlossene Weltanschauungsgemeinschaften als Grundlage bestimmter Überzeugungen und parteipolitischer Profile.

Was bleibt der Sozialdemokratie? Was muss sich ändern? Hat die Sozialdemokratie noch eine Zukunft, die sich inhaltlich bestimmen lässt, also nicht nur Etikette einer gewandelten Organisation ist? Ich kann in diesem Zusammenhang nur Gedankensplitter äußern.

Der SPD-Vorsitzende Siegmar Gabriel beschwört auf dem Bundesparteitag der SPD am 11.12.2015 die Mitte als das Zentrum sozialdemokratischer Politik. Sie möchte Partei der Mitte sein, aber in ihrer „diffusen Mittigkeit" büßt sie die programmatische Konsistenz ein, die ihr fehlt, um zu begeistern und zu binden.

Vieles spricht dafür, dass sich in der digitalen Wissens- und Informationsgesellschaft ein neues Verständnis für die Grundlagen wirtschaftlicher und politischer Prozesse etabliert hat. „Information“ und „Wissen“ kommen aber im Traditionsbestand der Sozialdemokratie als Analysekategorien und Hebel für gesellschaftliche Kämpfe nicht vor.

Die Parteien sind inzwischen genauso fragmentiert, wie die Gesellschaft selbst. Es gibt einen Widerspruch im gesellschaftlichen Diskurs über die Funktion von Parteiprogrammen: Der Wunsch nach Positionen und Visionen geht gleichzeitig einher mit der Ablehnung von „Ideologien“ und der Befürwortung pragmatischen Handelns zu Gunsten von „Regierbarkeit“. Viele Kommentatoren sind sich sicher, dass eine Beteiligung an einer Großen Koalition als Juniorpartner immer auch mit dem Verlust von Glaubwürdigkeit einhergeht. Aber greift dieses Argument nicht zu kurz? Geht es nicht bei sozialdemokratischer Glaubwürdigkeit im Kern um die grundsätzlichen Voraussetzungen von Regierungshandeln im engen Korsett von Bündnisverpflichtungen und wirtschaftlichen wie gesellschaftlichen Zwängen im Gegensatz zu sozialdemokratischen Grundwerten, Visionen und ihrem Traditionshaushalt?

Gibt es einen „Dritten Weg“, eine nichtideologische Alternative, die dennoch Motivation, Vertrauen und neue Identität schaffen kann? Einige Ansatzpunkte möchte ich nennen:

Die Parteiverantwortlichen müssen in welcher Funktion auch immer widersprüchliche Politik in Bezug auf sozialdemokratische Werte meiden. Und dort, wo es Blockaden oder gegenläufige Forderungen des Koalitionspartners bzw. der Bündnispartner gibt, müssen sie eine klare die Ursachen der Dilemmata zuweisende Kommunikation wählen: Zwänge offener und direkter deutlich machen, Alternativen beschreiben, Verantwortliche benennen. Das ist mühsam, kann zu Verstimmungen führen, aber man muss Herrn Seehofer nicht nacheifern, das geht sehr viel qualifizierter. Die derzeitige Kommunikation ist in Bezug auf die großen Probleme unprofiliert, das ist die Kommunikation von Mitläufern.

Die Menschen brauchen über die tagespolitischen Themen hinaus Visionen und Strategien zu ihrer Verwirklichung, mit denen sie sich identifizieren können. Da müssen Sozialdemokraten beschreiben, wie Freiheit, Gerechtigkeit und Solidarität unter globalen und digitalen Bedingungen aussehen können und welche Strategien sie hier im Kopf haben: Mehr Widerstand wagen gegen wirtschaftliche Ausgrenzung vieler Entwicklungsstaaten, eine ehrliche

Politik gegen den Waffenwahn, auch und gerade deutscher Rüstungskonzerne, gegen Rassendiskriminierung – gerade in den USA.

Bei allem muss mitgedacht und auch mutig kommuniziert werden, welche Rolle wir Europäer hier spielen können und welche Veränderungen – zum Beispiel globale Solidarität – für unsere Lebensbedingungen bedeuten.

Ich möchte an dieser Stelle Claus Leggewie, den Gießener Politikwissenschaftler zitieren: "Die größte Chance der Massenwanderung wäre wohl, dass sich Europa ehrlich machte. Sie ist Folge einer jahrzehntelangen Verschleppung und Verschiebung von Konflikten, die der Alten Welt gnadenlos auf die Füße fallen. In Afrika und im Mittleren Osten sowie auf dem Balkan haben wir sie durch Waffenlieferungen, falsche Interventionen, aber auch durch Wegsehen und Kopfeinziehen eskalieren lassen. Die ökonomische und kulturelle Weltgesellschaft entpuppt sich nicht als Einbahnstraße und hält die Verlierer genauso wenig wie Touristen und Geschäftsreisende an Staatengrenzen auf. Wir haben uns mit Diktatoren arrangiert, die uns die Flüchtlinge vom Hals halten sollten, und wir haben die Erderwärmung geschehen lassen, die in vielen Küsten- und Hitzeregionen unerträglich geworden ist und weitere Millionen Menschen aufbrechen lassen wird. Das Leben auf der ethnisch und (a)religiösen homogenen Wohlstandsinsel ist passé, die Welt steht in Flammen." Claus Leggewie in: philosophie MAGAZIN, Nr. 02./2016, S. 67.

Aber auch Inlandsprobleme müssen Sozialdemokraten konsequenter lösen. Ich will nicht begreifen, warum es Kinderarmut in Deutschland geben muss oder das Problem mangelnder Chancengleichheit in der digitalen Wissensgesellschaft nicht wirksam bekämpft wird.

Es sollte dringend überlegt werden, ob politische Zukunftskonzepte – global gedacht – wenn sie glaubwürdig Menschen bewegen sollen, nicht von politikwissenschaftlicher Zukunftsforschung begleitet werden sollten. Eine bewährte Methode aus der Betriebswirtschaft ist auch im politischen Umfeld einsetzbar, die Szenario-Analyse. Ein Szenario ist die Beschreibung der zukünftigen Entwicklung des Projektionsgegenstandes bei alternativen Rahmenbedingungen. Die Szenario-Analyse versucht also nicht, ein einzelnes Bild der Zukunft zu zeichnen, sondern will bewusst mehrere alternative Zukunftsbilder, auch Szenarien genannt, entwerfen. Eine Szenario-Analyse zeichnet sich durch ihren langfristigen Planungs- bzw. Projektionshorizont aus. Der Prognose-Zeitraum erstreckt sich oft über die nächsten 5 bis 10 Jahre. Das Ziel der Szenario-Analyse ist eine vorausschauende Betrachtung unter Berücksichtigung der Ziele und Wertvorstellungen der Akteure sowie möglicher Entwicklungen vor dem Hintergrund der Vergangenheit. Die Spekulation um zukünftige Ereignisse wird aufgrund der Unsicherheit in Form von Störereignissen berücksichtigt. Die Szenario-Analyse beschäftigt sich nicht nur mit Zukunftsbildern, sondern zeigt gleichzeitig in Form von Entwicklungspfaden den Weg dorthin auf. Dadurch steigt die Akzeptanz ihrer Resultate.

(www.4managers.de/Management/themen/sze nario-analyse)

Die SPD muss endlich in der digitalen Welt ankommen, will sie nicht aussterben. Sie muss die Lebens- und Kommunikationsgewohnheiten junger Menschen verinnerlichen, Angebote schaffen, die ihren Identifikations- und Kommunikationsparadigmen entsprechen. Hierzu gehört vor allem eine ganz andere Kampagnenbereitschaft und Kampagnenfähigkeit: Junge Menschen wollen sich nicht ohne weiteres einer politischen Partei anschließen, aber sie wollen sich engagieren. Die Shell-Jugendstudie 2015 belegt, dass immerhin 72% der Jugendlichen im Alter von 12 bis 25 Jahren in ihrer Freizeit für soziale und politische Zwecke oder ganz einfach für andere Menschen oft bzw. gelegentlich aktiv sind. 38 % davon in Vereinen, 18 % an der Schule/Hochschule, immerhin 12 % in ihrer Kirchengemeinde, aber nur 2% in einer Partei. (17. Shell-Jugendstudie 2015, S. 193 ff.) Warum bietet die Partei nicht zu unterschiedlichen Themen Plattformen und Aktionen an, denen sich Menschen auf Zeit anschließen können?

Es gehören aber auch digitale Partizipations- und Informationsangebote dazu. Motivation mit den Kommunikationsmitteln und Formaten junger Menschen ermöglichen. Die Shell-Jugendstudie 2015 bestätigt, dass sich Jugendliche wieder stärker politisch positionieren. Sie bevorzugen aber individuelle und niederschwellige Beteiligungsformen. Die Friedrich-Ebert-Stiftung hört nicht auf, alles auf Papier drucken zu lassen. Das geht – gerade für junge Zielgruppen – auch mit „Politischen Erlebnis- und Beteiligungsplattformen".

Zur Ausgangsfrage zurück. In einer grenzenlosen Welt stellen sich die sozialdemokratischen

Fragen nach Freiheit, Gerechtigkeit und Solidarität neu und komplexer. Aber es braucht Menschen und Parteien, die nicht kapitulieren, weil Problemlösungen schwieriger geworden sind und ihren Anspruch über ein „Sich-durch-die-Weltgeschichte-Dilettieren" hinaus formulieren. Es muss gelingen, sozialdemokratische Werte in die Neuzeit zu transformieren und differenziert Partei zu ergreifen und endlich einer Politik entgegenzustehen, die mit rechts allen Andersdenkenden den erhobenen Zeigefinger entgegenstreckt und in der linken die Handfeuerwaffe hält.

Gerade für junge Menschen, die Unrecht oft sehr viel sensibler wahrnehmen und sich häufig mit "Gesetzmäßigkeiten" nicht abfinden wollen, bedarf es visionärer – den Status quo überwindender – Politikkonzepte. Erfahrungen schaffen Grenzen im Denken, Visionen können diese überwinden helfen. Dazu gehören für mich zum Beispiel Überlegungen zum Wachstum allgemein und zur Qualität von Wachstum (Umweltinvestitionen, Wachstum in der Gesundheitswirtschaft und der Gereatrie vs. Waffenindustrie), aber auch um die Definition von Erfolg und Gerechtigkeit in der globalen und digitalen Welt. Wie oft wünsche ich mir, dass in Verantwortung stehende Sozialdemokraten sich den Spiegel ihrer eigenen Jugend vorhalten würden. Immer daran denken: Pragmatismus ist oft geboten, verkommt aber schnell zum Inkrementalismus. Es bedarf ein Leben lang des dialektischen Prozesses, des "Sich-Immer-Wieder-Infrage-Stellens", ohne das es Innovation und Fortschritt nicht geben kann.

Und es bedarf einer Kommunikation, die vorhandene Unterschiede in den Positionen und auch Zwänge deutlicher macht. Eine Koalition ist keine Ehepartnerschaft (und auch da gibt es Konflikte genug), sondern ein politisches Bündnis auf Zeit. Mir ist die politische Realität durchaus bewusst: Eine Regierung findet nur solange Akzeptanz in der Bevölkerung, wie sie als durchsetzungsfähige Einheit wahrgenommen wird, der tägliche Umgang mit Koalitionspartner/innen schafft auch Sympathien und Respekt, die die Umgangsformen prägen, knappe finanzielle Spielräume begrenzen den Gestaltungswillen, wie auch Verträge und Bündnisverpflichtungen. Und doch brauchen Menschen klare Profile und Visionen, um einer Partei folgen zu können. Das können fachliche Kompetenzen sein, nicht zuletzt repräsentiert durch Politikerpersönlichkeiten. Persönlichkeiten können Identitäten schaffen, klare politische Profile und Kompetenzen. Wo dies aber nicht möglich ist, helfen Visionen, mögliche Zukunftsbilder, die dann Wirklichkeit werden können, wenn die eigene politische Kraft gestärkt wird. Dafür aber braucht es spannende Geschichten.

Leider wird die Narration in der politischen Arbeit völlig vernachlässigt. In der Ökonomie ist es heute schon eine Binsenweisheit, dass neue Unternehmen und Produkte nur erfolgreich sein können, wenn Geschichten über sie erzählt und weitergegeben werden. Wir Menschen lieben Geschichten und schlagen uns schnell auf die Seite derer, die in den Geschichten eine gute Rolle spielen. Wie das geht, können Dramaturgen und Autor/innen und Kommunikationswissenschaftler/innen vermitteln – ein segensreiches Feld für die politische Weiterbildung von Parteiverantwortlichen. Ich plane, zu diesem Thema ein Musterseminar zu entwerfen und anzubieten.

„Wie rasch altern doch die Leute in der SPD! Wenn sie dreißig sind, sind sie vierzig; wenn sie vierzig sind, sind sie fünfzig, und im Handumdrehen ist der Realpolitiker fertig.“ Kurt Tuch-

olsky in: Die Weltbühne. Vollständiger Nachdruck der Jahrgänge 1918-1933, Athenäum
Verlag, Königstein/Taunus.

Das Versagen der Eliten und die kollektive Dummheit

Das Decorum,

Camouflage des Gestrigen,

in buntem Tuch verhüllt,

die Zukunft

durchs Ostertor

mit der Pfeife,

nach der sie alle willig tanzten,

Richtung Hades lockte.

Zuvor hatten die Elefanten

es allen Recht machen wollen

und übers Zaudern

gegebene Versprechen

außer Acht gelassen.

Re: Deine Meinung ist mir wichtig

Von:

"Heiner Mühlmann"

An:

"Klaus-Dieter Müller" <medienmueller@gmx.de>

Datum:

28.08.2016 11:03:02

Lieber KD,
Dein Gedicht gefällt mir. Es ist schön.
Mit der Verwendung des Wortes „decorum" liegst
Du richtig.

In meinem Weltwirtschaftskriegbuch habe ich geschrieben, das System „decorum/sensus commu-
nis" (political correctness/common sense) sei vom
Prinzip her ein Verspätungssystem bzw. ein Auf-
schubsystem, an dem die Menschen jeweils so
lange festhalten, wie sie können. Und in meinem
Buch „Die Natur des Christentums", das bald erscheinen wird, habe ich geschrieben, der größte
Feind des frühen Christentums sei das römische
decorum gewesen, und der größte Feind des römi-
schen decorum sei die subversive Kraft des Christentums gewesen, deren wichtigste Botschaft nicht
der Monotheismus ist, sondern die Aufforderung,
das Hohe zu erniedrigen und das Niedrige zu erhö-
hen. Das Christentum habe ein Nicht-decorum in
die Welt gebracht.
Grüße Heiner

Das Versagen der Eliten und die Renaissance der kollektiven Dummheit

Zwei Dinge sind unendlich, das Universum und die menschliche Dummheit; aber bei dem Universum bin ich mir noch nicht ganz sicher." (Albert Einstein)

Der 2. Weltkrieg ist nun gerade 70 Jahre her, die Amerikaner führen seit den 50er Jahren des letzten Jahrhunderts Unrechtskriege weltweit, und sind überall die Verlierer, fast alle Diktaturen finden ihr sicheres Ende. Gerhard Staguhn konstatiert, die Menschheit müsse längst wissen, dass der Krieg kein besonders erfolgreiches Mittel zur Durchsetzung eigener Interessen ist. Nur zwanzig Prozent aller gewaltsamen Konflikte enden mit dem Sieg des Angreifers. Und in zwei von drei Fällen ist die Lage nach dem Krieg genauso wie vor dem Krieg. Kurzum: Krieg lohnt sich nicht. (Gerhard Stanguhn (2008): Warum die Menschen keinen Frieden halten, dtv München) Aber auf der sog. Münchener Sicherheitskonferenz stehen auch 2016 aktuelle Kriege und Kriegsandrohungen im Mittelpunkt. Warum lernen die Menschen so wenig dazu, was sind die Ursachen für diese immerwährende Dummheit?

Immanuel Kant behandelt in seiner Schrift „Zum ewigen Frieden“ und in seiner „Metaphysik der Sitten“ das Thema Krieg unter dem Stichwort „Völkerrecht“. Er glaubt wirklichkeitsfremd an die Möglichkeit, dass Staaten global durch Verträge Kriege verhindern. Sicher haben internationale Verträge und Einrichtungen, wie die UN, Weltkriege verhindern helfen, aber die Stellvertreterkriege weltweit konnten nicht vermieden werden.

Hegel und andere Geschichtsphilosophen gingen noch weiter und etablierten die „Ideologie vom gerechten Krieg“, der für das „Gute“ geführt wird. Dieser vordergründige Selbstbetrug schaffte vermeintliche Rechtfertigungsgründe für die Kreuzritter, wie auch heute noch für die US-Amerikaner, die glauben machen wollen, dass es bei den von ihnen geführten Unrechtskriegen immer um das Gute ging, unsere Demokratie und unseren Wohlstand, den aber immer auf Kosten der anderen.

Der deutsche Philosoph, mein Freund Heiner Mühlmann, nimmt die „Natur der Kulturen“ in den Blick und fragt nach den Regeln kultureller Selbstwahrnehmung und Selbstüberhöhung und führt die Begriffe des „MSC Maximal Stress Cooperation“ und des „decorum“ als Regeleinstellung einer Kultur ein. (Heiner Mühlmann (2005): MSC Maximal Stress Cooperation, Die Antriebskraft der Kulturen, Springer Wien New York)

Nach Mühlmann ist der institutionalisierte Krieg das wichtigste (maximale) kulturelle Resultat des MSC-Effekts. Kultur ist für Mühlmann nicht nur Kunstverein, Rilkegedichte, Streichquartett und Schachabend, Kultur ist auch und mehr noch Kriminalität, Fremdenfeindlichkeit, Bürgerkriege, Fundamentalismus. Sie fußen auf Stress und Kooperationsunfähigkeit der Teilnehmer/innen. Für ihn ist Kooperation immer Teil von Konflikten. Nur wo es Kooperation gibt, kann es Konflikt und Betrug geben, und wo es Konflikt und Betrug gibt, muss es Kooperation geben, denn ohne Kooperationsbereitschaft kann man niemanden betrügen. Konflikte entstehen somit normalerweise im Innern von kooperierenden Gruppen. Der Krieg stellt die kulturelle Ausformung der Scheidung von Konflikt und Kooperation dar. Die radikalste Manifestation und Externalisierung des Konflikts durch populationsinterne Kooperation ist das Phänomen der Kulturellen Todesbereitschaft. Es ist aufs engste mit dem System der Emotionalen Regeleinstellung verknüpft, denn die Kulturelle Todesbereitschaft wird vom Prinzip der Ehre reguliert, und das Funktionsprinzip der Ehre unterscheidet sich nur geringfügig vom Funktionsprinzip des decorum. Die Stressentscheidung „Angriff oder Flucht" wird dabei nicht vom Individuum selbst getroffen, sondern von der Kulturpopulation. (Mühlmann, aaO, S. 33 f.)

Werner van Treeck bezieht sich in seinem Buch „Über die Dummheit, eine unendliche Geschichte" auf Gustave Le Bon (1841-1931), der auch „Kulturpopulationen" im Blick hat und ein Potenzial für Minderwertigkeitsgefühle in der wachsenden Entzivilisierung der Nationen, Staaten und Gesinnungsbünde sieht: „In den Massen verlieren die Dummen, Ungebildeten und Neidischen das Gefühl ihrer Nichtigkeit und Ohnmacht; an seine Stelle tritt das Bewusstsein einer rohen, zwar vergänglichen, aber ungeheuren Kraft. Doch die Kompensation ist nur eine vorgestellte: Die phantasierte Allmacht dient der Unterwerfung unter die Suggestion eines Einheitswillens, unter das in einem Führer verkörperte Massenideal. Solche Massen sind Brutstätten kollektiver Dummheit. Ihnen korrespondiert die Dummheit betriebsamer, aber gesellschaftlich verantwortungsloser Vertreter der Intelligenz." (Werner van Treeck (2015): Dummheit. Eine unendliche

Geschichte, Reclam Stuttgart) Robert Musil beschreibt die Beseitigung des Abstands in der Masse als Störung des Anstands.

Jean Ziegler nimmt ebenfalls die Eliten in den Fokus und stellt sich gegen metasoziale Begründungen, also die Unterstellung von Gesetzmäßigkeiten, Naturgesetzen usw., derer sich Mächtige allzu gerne bedienen, um ihre Bedeutungen zu legitimieren, bestimmte Praktiken aufzuzwingen, Verhaltensweisen zu reglementieren. Für Ziegler ist die mächtigste und zugleich die gefährlichste Begründungsweise die „Naturalisierung" ökonomischer Fakten. „Die Oligarchien des globalisierten Finanzkapitals berufen sich auf sogenannte ʻNaturgesetze der Wirtschaftʻ, um den Menschen aus seiner eigenen Geschichte zu vertreiben, um präventiv jeden Ansatz von Widerstand, der ihm in den Sinn kommen könnte, zu brechen und ihre Profite abzusichern. Der ʻWeltmarktʻ, die oberste Regelungsinstanz nicht nur für die Produktion und den Austausch von Waren, sondern auch für menschliche Beziehungen und Konflikte, wird auf diese Weise in den Rang einer ʻunfehlbaren unsichtbaren Handʻ erhoben. Das Ziel aller Politik soll demnach die vollständige Liberalisierung sämtlicher Bewegungen von Kapital, Waren und Dienstleistungen sein, die Unterwerfung aller menschlichen Tätigkeiten unter den Grundsatz der Maximierung von Profit und Rentabilität und die Privatisierung aller öffentlichen Bereiche. Diese Strategie enthält ein Versprechen, dass die Marktkräfte, wenn sie erst einmal endgültig der öffentlichen Kontrolle und allen territorialen Beschränkungen entzogen sind, unvermeidlich weltweites Wohlergehen erzeugen werden. Weil dann das Kapital automatisch in jedem Moment dorthin geht, wo es den maximalen Profit erzielen kann... Die `Marktgesetze` sind eine metasoziale Begründung, die zumal dadurch besonders gefährlich ist, als sie sich auf einen strengen Rationalismus beruft. Tatsächlich handelt es sich um nichts Anderes als Hokuspokus, der uns glauben machen möchte, wissenschaftliche Strenge und die Strenge der `Marktgesetze` seien das Gleiche." (Jean Ziegler (2015): Ändere die Welt! Bertelsmann München)

Olaf Jacobsen bricht das Thema herunter auf den menschlichen Alltag und die Psyche des Menschen, spricht von „Kriegs-Trance" und bezieht sich auf Sigmund Freud, der das Unterbewusstsein geprägt sieht von verdrängten und abgewehrten vergangenen Erlebnissen, die unsere Gefühle und unser Verhalten in der Gegenwart negativ beeinflussen: „Bedeutet eine Kriegs-Trance, dass wir Menschen kriegerische Handlungen in unserem Alltag routinemäßig ausüben? Dass wir untereinander `ganz automatisch` Krieg führen? Weil wir es gelernt und im Gehirn automatisiert haben? Durch das Unbewusste gesteuert? Ja." (Olaf Jocobsen (2015): Die Kriegs-Trance, Warum wir nicht aufwachen wollen, Karlsruhe.) Jacobsen vertritt die Ansicht, dass wir aus eigenen Erfahrungen im Alltag heraus unsere Empathie und damit unser Mitgefühl für das Umfeld abstellen. Für ihn beginnt die Stress-Kooperation im Alltag. „Meistens laufen unsere Begegnungen eher gebremst, verschämt, kritisch, distanziert, sich versteckend, grenzüberschreitend, sich empörend oder gar verletzend ab."

Für mich sind der „totale Finanzkapitalismus" ohne jede soziale Eingebundenheit und Verpflichtung und das grenzenlose Wachstum, das immer schneller, höher, weiter, lauter, besser, die Gründe für das unerträgliche Maß der Entfremdung und Überforderung der Menschen heute. Da bleibt keine Zeit für Erholung. „Die Zeit läuft mir davon?" – ein oft beschriebenes Gefühl. Meine Antwort: „Hast Du sie nicht gut behandelt?“ Und es ist das ebenso absolute Versagen der westlichen Politiker/innen-Eliten, aber auch der Wirtschafts- und Wissenschaftseliten, geglaubt zu haben oder gar immer noch zu glauben, der Kampf um die Futtertröge könne so radikal weitergeführt werden wie in den letzten Jahrhunderten. Die Wehrhaftigkeit der Menschen gab es immer und überall, aber im digitalen Zeitalter kommen zur Wehrhaftigkeit hohe Mobilität und neue effektive Mobilisierungs-, Organisations- und Widerstandsinstrumente hinzu.

Ebenso offenkundig ist, dass kein Staat Menschen ohne jede Perspektive lassen darf, will er Radikalität, Rassismus und Terrorismus keine Chance geben. Das gilt für die Kommunalpolitik, wie für den internationalen Bereich. Es gibt in meinem früheren Wahlkreis Kiel Südwest einen Stadtteil mit sehr großem Ausländeranteil, in dem wir vor jetzt ca. 20 Jahren einen beängstigenden Rechtsradikalismus zu verzeichnen hatten, der dann durch die großartige Arbeit von Straßensozialarbeiter/innen erfolgreich bekämpft werden konnte, die die Probleme der jungen Menschen ernst nehmen und Perspektiven schaffen. Mich verbindet noch heute ein enges Verhältnis zum Jugendbüro Mettenhof. Es war eine für mich prägende

Erfahrung, wie schnell und nachhaltig durch Maßnahmen der sozialen Emanzipation Konfliktbereitschaft in Motivation umschlagen kann. Gegenteiliges erfahren wir immer noch in weiten Teilen unserer Republik, gerade in den ostdeutschen Bundesländern, aber auch in den Pariser Vororten und überall dort, wo hohe Jugendarbeitslosigkeit die Menschen in die Verzweiflung und die kollektive Dummheit führt.

Ich möchte in diesem Zusammenhang, aber auch im Kontext des Arbeitsverbotes von Flüchtlingen und Asylbewerber/innen nicht vergessen, Steffen Kröhnert vom Berlin-Institut für Bevölkerung und Entwicklung zu zitieren, der 2006 in seiner Zusammenfassung einer Studie zum Einfluss der demografischen und ökonomischen Entwicklung auf die Entstehung bewaffneter Konflikte schreibt: „Erst im Jahr 2003 taucht die Theorie vom „Youth bulge" erstmals in der deutschsprachigen Literatur auf. Heinsohn warnt darin vor einer Dimension von Krieg und Gewalt im 21. Jahrhundert, ausgelöst durch die hohen Anteile von Jugendlichen, die in zahlreichen – vor allem islamischen – Entwicklungsländern vor der Adoleszenz stehen ... es gibt kriminologische und psychologische Forschungsergebnisse, die einen

Zusammenhang zwischen hohen Jugendanteilen und der Wahrscheinlichkeit gewaltsamer Konflikte plausibel erscheinen lassen... Manche Autoren sehen, wie Bouthoul, in der begrenzten Aufnahmefähigkeit des Arbeitsmarktes einen zentralen Grund für die Gewaltbereitschaft großer Gruppen junger Erwachsener. Urdal (2004) und Collier (2000) argumentieren, dass junge Erwachsene mit Aussicht auf Armut und Erwerbslosigkeit eher als junge Menschen in Arbeit bereit sind, sich in gewaltsamen Konflikten zu engagieren. Auf der einen Seite, weil dies ein Weg ist, sich materielle Ressourcen (wie Sold oder Beute) zu verschaffen, andererseits weil Beschäftigungslosigkeit die soziale Kontrolle durch die Gesellschaft behindert." Diese Erkenntnisse bleiben richtig.

Man mag sich mit der Dummheit als „Himmelsmacht" (Hans-Magnus Enzensberger) abfinden oder sie „zur Lehre für die Nachgeborenen aufbereiten". Ihre Reflexion und Revision bleibt die immerwährende Aufgabe, gerade der sogenannten Eliten.

Die Wirtschaftswissenschaft sollte sich an vielen Hochschulen, nicht selten Business Schools genannt, nicht länger zum Handlanger von Konzerninteressen machen lassen, auch wenn die Drittmittelorganisation mit dem Verbleib im Professorenamt häufig korrespondiert, die mittelständische, regional und sozial verantwortlich eingebundene Wirtschaft muss das Rückgrat unseres Wohlstands bleiben. Politiker/innen sind gut beraten, wenn sie die vorhandenen globalen, nationalen und kooperativen Strategien überdenken und gedanklich zu Ende führen. Es gibt auch segensreiche Methoden der Zukunftsforschung, weg vom täglichen Inkrementalismus, der nur als „weiße Salbe fürs Volk" eine Zeitlang nützt. Im Zusammenhang mit dem nachhaltigen Blick in die Zukunft kann ich nur wieder auf Heiner Mühlmann verweisen: „Wir müssen die MSC-getriebenen elektronischen Stammeskulturen im Auge behalten, die viele Eigenschaften der elementaren soziobiologischen Schwarmorganisationen haben werden."

Die Dialektik, der wir uns doch verschrieben haben, fordert, alles immer wieder in Frage zu stellen, auch Bündnisse (Stress-Cooperations), angebliche Gesetzmäßigkeiten und politische Strategien. Und nie vergessen – gerade als Sozialdemokrat/in – öfter mal die auf Cicero zurückgehende „Qui-bono-Frage" stellen, wem nützt eigentlich was und wer fordert und fördert aus welchen Interessen heraus. Und das von Robert Musil als „wichtigstes Mittel gegen die Dummheit" genannte Instrument soll hervorgehoben Erwähnung finden: die Bescheidung. (Robert Musil (2014): Über die Dummheit, Reclam Stuttgart.)

Ich bin nicht glücklich, wenn ich den Blick in die Zukunft richte, sage aber, das kann und darf nicht entmutigen und füge hinzu: „Als ich 1950 gezeugt wurde, hatte niemand einen Grund daran zu glauben, dass meine Generation ein glückliches Leben erwartet. 65 Jahre Friede, Freiheit und Wohlstand wurden Realität."

Optimismus mit Trauerflor wäre hier das Rechte und dies Rechte bleibt, ja ist die so kritische wie positive Beschaffenheit der Hoffnung. (Ernst Bloch)

Unergründlich ist nur die Dummheit

Zauderer

Aussitzer

Nichtentscheider

Allesverzeiher

können Kinder

nicht erreichen.

Völker auch nicht.

Der Unterschied?

Kinder dürfen Dummheit.

Sie wissen es nicht besser.

Politiker 2016

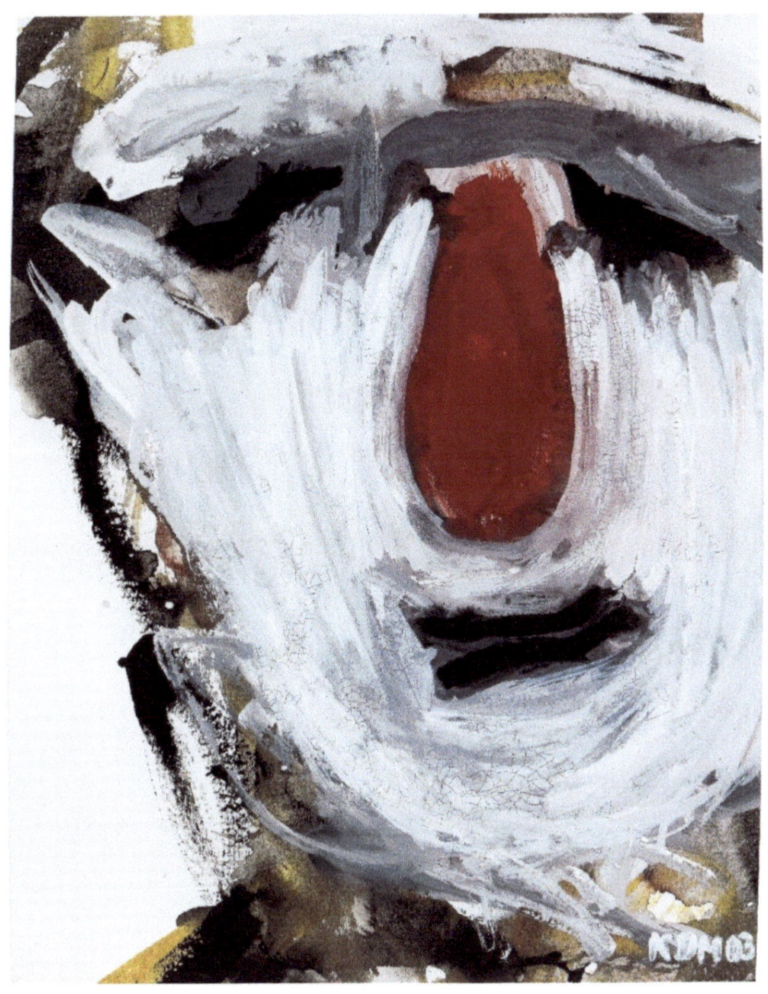

Propheten

Pfingsten

werde ich

von meinem Geist ausgießen,

werden eure Kinder

Visionen haben,

werden eure Alten

Träume haben,

sprach der Herr,

wollen uns die Apostel

glauben machen.

Leider verreisen

so viele

heutzutage

über Pfingsten.

Heimat.

Unter immer Gleichen

geborgen Zäune ziehen

weit vor den Horizonten.

Münder morden,

die in Frage stellen,

straflos Tradition

in Pflege geben.

Starke Kinder

braune Bilder malen müssen

von den ausgemachten Feinden.

Als Grund fürs viele Ungemach,

das finden alle freiheitlichen Demokraten,

kommt Fremdverschulden nur in Frage.

Heimatlos ist eine Gnade.

Die Firma Rheinmetall Landsysteme GmbH in Unterlüß (Niedersachsen) ist einer der großen deutschen Waffenhersteller und nennt seine Panzer unter anderem „Leopard" (Kampfpanzer), „Puma" (Schützenpanzer), den Bergepanzer 3 „Büffel" und einen weiteren Schützenpanzer „Marder".

Sicher, sicher über alles, über alles in der Welt

Kriege sind heimatlos geworden,

die Welt ist nun das Feld

der Tapferkeit,

verstreute Fronten

bis in unsere Stuben.

Ansonsten nichts Neues:

Frauenherzen stillgestanden,

leere Kindermägen aufgeschlitzt,

rote Erden blutgetränkt.

Das Decorum jetzt auch gerne

wieder Kriege als gerecht verklärt.

Unsrer Freiheit am Hindukusch zu Liebe.

Sicherheit heißt jetzt die Religion:

freie Datensätze einverleibt,

Uniformen müssen sich verbreiten,

geheime Dienste freigesprochen,

alles dient der Sicherheit –
selbst Christus schweigt.

Tierexporte in die Schlachtgebiete
von der Firma Landsysteme
religiösem Wahn Gesichter geben.
Diese Toten sind nicht unsere Brüder,
aber Mütter können sich Gesichter merken.

Und wir ahnen nicht,
wer den Terror wohl erfunden?
Schuld? Diese Frage stellt man nicht.
Selbst unter den Gerechten.

Räume der Gewalt

Aus alten Ästen

immer wieder

Triebe schießen.

Rücksichtslos

dem Licht entgegen.

Unveränderlich

sie grelle Schatten werfen,

seit 1.000 Jahren schon bekannt.

Lichtblicke –

gern geträumte Illusionen

verkommen

zum Braun

im Zeitenlauf.

Der Waldfriede gar

als Lüge entlarvt.

Ich sehe schwarz.

Mein Psalm

Mein Gott, ich rufe bei Tag, doch du gibst mir keine Antwort; ich rufe bei Nacht und finde keine Ruhe.

Ich danke dir von Herzen. Du bist es, der mich aus dem Schoß meiner wunderbaren Mutter zog und mir ein volles Leben schenkte. Du deckst mir den Tisch noch heute vor den Augen meiner Feinde. Du salbst mein Haupt mit Öl, du füllst mir reichlich den Becher.

Und doch bin ich ein Wurm geblieben. Leichtgläubig kann ich nicht. Es bleibt die ungeklärte Frage nach dem Woher und dem Wohin. Ich hoffe, alt genug zu werden, um den Tod als Erlösung zu empfinden.

Viele Hunde umlagern mich, eine Rotte von Bösen umkreist mich. Sie durchbohren mir Hände und Füße wohl nicht mehr, aber vielleicht meinen Kindern und Enkeln. Sie führen Kriege und lassen ihresgleichen grausam sterben. Und berufen sich allzu oft auf dich, den gerechten Gott. Die Gerechtigkeit stand und steht immer noch zur wohlgefälligen Disposition der Reichen und Mächtigen. Die Kirchen in ihrem großen Selbstgefallen machen da keine Ausnahme, pilgern stattdessen oft voran.

Vom Herrn wird man dem künftigen Geschlecht erzählen, heißt es. Aber die Nachkommen sind taub, wenn es nicht um Konsum und Unterhaltung geht. Chillen geht vor Beten und auch vor Denken und vor Lesen. Wo Dekadenz die Kultur vernichtet, geht auch der Glaube verloren.

Zeige mir, Herr, deine Wege, lehre mich deine Pfade.

Das Selbst zwischen Egoismus, Dekadenz und Toleranz.

Das Selbst ist der Fixpunkt der menschlichen Existenz in einer kontingenten Welt. Das klingt zunächst erst einmal vernünftig, aber die Frage nach der grundhaften Substanz dieses Selbst, ob seine Ausbildung also irgendwann zum Abschluss kommt, der Mensch in der Entwicklung seiner Identität damit stehen bleibt, während die Welt um ihn herum weiterzieht, ist damit nicht beantwortet. Vor 50 Jahren noch ging man davon aus, dass alles, was du willst und schön findest, was deine Werte sind und wo du dich wohl fühlst, irgendwann feststeht, vielleicht mit 40 Jahren. Du bleibst stehen, aber die Gesellschaft bewegt sich weiter: Immer mehr Autos parken deine Umwelt zu, eine zersiedelte Landschaft vermittelt Unbehagen, Frauen mit Schrauben in der Nase und grünen Haaren, Männer mit bunten Lackschuhen und körperfüllenden Tattoos gehören zum alltäglichen Erscheinungsbild, 100 schlechte Fernsehprogramme und kurze abgehackte Sätze oder gar nur „What's Apps", die auf Satzbildung gänzlich verzichten, bestimmen die Kommunikation. Irgendwann fragst du dich: Ist das noch meine Welt?

Das eigene Urteil ist schnell gefällt: Die Gesellschaft ist dekadent geworden. Décadence kommt aus dem Französischen und bedeutet Verfall. Aber Vorsicht: Der Begriff ist vielschichtig verwendet worden. Sowohl der Marxismus-Leninismus als auch die Nationalsozialisten nannten zum Beispiel jede freie Kunstform „dekadent" oder „entartet", die nicht ausschließlich der Durchsetzung ihrer Ideologien mit den Mitteln des Realismus diente.

So schrecklich und geschmacklos einzelne Modeerscheinungen auch sein mögen, dazu gehören Musikrichtungen, wie auch Haarfarben, Körperschmuck, Modetrends und vieles mehr, so sehr sollte man Gefallen an diesen bunten Phänomenen zu finden versuchen. Nichts ist langweiliger als Uniformität (selbst Uniformen werden bisweilen äußerst bunt dekoriert), und nichts ist so schnell „out", wie der eigene Geschmack und natürlich auch der der anderen. Wir sollten alles das als gesellschaftliche Unterhaltungsangebote aufnehmen. Ich erinnere mich in diesem Zusammenhang an meinen Großvater. Er nannte die von mir und von so vielen in meiner Jugend heiß geliebten Beatles nur „die Affen". Es gefiel ihm weder die Haartracht, die man auch Pilzköpfe nannte, noch die Musik, die er als fremd und zu laut empfand.

Diese wunderbare Musik zählt heute zur „klassischen Musik" und ist aus unserer heutigen Sicht sehr melodisch und eher leise. Aber Opa kannte natürlich „Heavy Metal" nicht. Übrigens: beim Essen fällt uns die Akzeptanz fremder Esskulturen deutlich leichter: Pizza, Pasta, Döner und Sushi entstammen wahrlich keinen deutschen Rezeptbüchern.

Deutlich schwieriger als bei den phänomenologischen Modeerscheinungen und Trends wird es bei den „soziosystematischen Vorgaben". Auch wenn oder gerade weil das wenig überzeugende kommunistische Gesellschaftsmodell gescheitert ist und die eine zurzeit noch verbliebene Supermacht alles andere als vorbildhaft daherkommt, gerät das System unter Druck. Der italienische Gelehrte Giorgio Agamben nennt die Entwicklungen in den westlichen Demokratien eine „Politik des permanenten Ausnahmezustands". Von Guantanamo bis zur Asylpolitik werden „Zonen der juristischen Exterritorialität" geschaffen, die man als menschenrechtliches Niemandsland bezeichnen könnte. Skepsis und Misstrauen gegenüber der westlichen Zivilisation und deren politischen Repräsentanten können auch schnell im Vorwurf der Dekadenz enden.

Ulrike Ackermann wirft vor dem Hintergrund
nach einem letzten Sinn, nach Erhabenheit
und Vollkommenheit angesichts der vermeint-
lichen Sinnleere und Profanität der bürgerlich-
kapitalistischen (Post-)Moderne die Frage auf:
„Kann es denn überhaupt eine gesellschaftliche
Ordnung ohne Erlösungsversprechen, Trans-
zendenz und Utopien geben?" Sie konstatiert,
der Mensch brauche doch Orientierung in der
Kälte der offenen Gesellschaft, gepeinigt vom
harten kapitalistischen Wettbewerb der Interessen und einer Rationalität, die bar jeder
Herzenswärme den einzelnen sich selbst über-
lasse. Der Wunsch nach wärmenden Gemein-
schaften, nach Bindung und Identität stiften-
tenden Kollektiven geht auch in Europa einher
mit einer Renaissance der Religionen, auch
wenn die Staatskirchen davon bisher am we-
nigsten profitieren. Die Individualisierung der
Religion zeigt sich in den multiplen religiösen
Identitäten, in denen der/die einzelne mit Frag-
menten etwa aus Zenbuddhismus, Esoterik
und aus jüdisch-christlichen und religiösen
Traditionen seine Privatreligion zusammen-
setzt, ohne sich an den Widersprüchen zu stö-
ren. Da bin ich wieder bei der segensreichen
Funktion von Spiritualität, die ich schon in

meinem Buch „Das iPhone und der liebe Gott"
beschrieben habe.

Aber zurück zur „Politik des permanenten Ausnahmezustands", in der Freiheitsrechte von
Menschen immer dann ausgeblendet werden,
wenn es um Gefahren für die eigene vermeintliche Sicherheit geht. Die Bedrohung durch
Terrorismus und der grenzenlose Flüchtlings-
zustrom lassen rechtsfreie Räume vordergrün-
dig gerechtfertigt erscheinen. Die daraus fol-
gende Politik ist nachvollziehbar an der eigenen Betroffenheit orientiert, aber „eine Politik
der Betroffenheit" ist alles andere als nachhaltig. Wer hat den Terrorismus denn zu dem gemacht, was er heute ist? Warum fliehen so viele
Menschen aus ihrer Heimat, in der sie sicher
am liebsten geblieben wären? Daran sind viele
schuld, insbesondere religiöse Fanatiker, es
sind aber auch die Amerikaner und ihre Stell-
vertreter, die immer neue Konflikte schüren,
um ihre wirtschaftlichen Interessen ohne jede
Moral durchzusetzen. Und gibt es da ein Um-
denken? Nein, ich sage nur TTIP, die eigenen
Interessen schützen, wo und wie immer es geht
und andere ausschließen und schlechter stellen. Das nennt sich dann Entwicklungshilfe.
Natürlich gehöre ich auch nicht zu denen, die

einen ungehinderten Zuzug von Millionen hinnehmen wollen. Das würde auch den Flüchtlingen nicht helfen, wenn unsere Gesellschaft kollabiert. Aber dazu braucht es transparente und rechtsstaatlich korrekte Regeln. Wir sind seit 50 Jahren Einwanderungsland, aber entsprechende Gesetze fehlen. Und politische Ignoranz rächt sich immer. Abschotten mag eine Weile nützen, aber Ströme suchen sich immer ihren Weg.

Bischof Wolfgang Huber führt in diesem Zusammenhang den Begriff der „Empathie" in die Diskussion ein. „Dass in einer auf Wettbewerb getrimmten Gesellschaft die Empathie Not leidet, ist einer der Gründe, weshalb wir nur selbstkritisch darauf schauen können, wie der Westen mit den Werten umgeht, die er für die seinigen hält und die mit guten Gründen für alle gelten können. Die Fähigkeit zur Empathie ist nicht überholt; sie erschließt sich immer dann, wenn wir einem anderen Menschen begegnen, ihm ins Gesicht schauen, die gemeinsame Wirklichkeit mit seinen Augen sehen. Mit anstößiger Klarheit tritt das biblische Liebesgebot für solche Empathie ein, in dem es fordert, sich sogar um den Feind zu sorgen und dem Fremden freundlich zu begegnen. Gerade in einer Welt, in der Vielfalt zu den Kennzeichen fast aller Gesellschaften gehört, erweist sich solche Empathie als notwendig. Es ist schwer zu ertragen, wenn jemand die Empörung über die Terrorakte in Paris dazu nutzt, die Empathie gegenüber denen aufzukündigen, die vor dem Terror in ihrer eigenen Heimat geflohen sind." (DER TAGESSPIEGEL vom 17.01.2016)

Und eines sei nicht verschwiegen: Empathie ist nur eine Eigenschaft, ein Instrument auf dem Weg zur Toleranz und auch die sieht Johann Wolfgang von Goethe (1749-1832) nur als vorübergehende Erscheinung an: „Toleranz sollte nur eine vorübergehende Gesinnung sein, sie muss zur Anerkennung führen. Dulden heißt beleidigen."

Da gibt es viel zu tun – für uns - an uns selbst.

Selfie.

Wer hat Angst vorm Schwarzen Mann?

Wer kennt sie nicht, die Gelbe Gefahr,

schon aus Kindertagen?

Der letzte Kaiser hat sie schon benannt.

Und doch:

Die Kriege führen viel zu oft

die selbsternannten Guten,

die Vereinigten Staaten

der Konsumgiganten,

der Droge fröhnen,

der missbrauchten Freiheit

unsrer Tage.

Was fehlt, ist Liebe.

Der Schwarze Mann aus Kindertagen

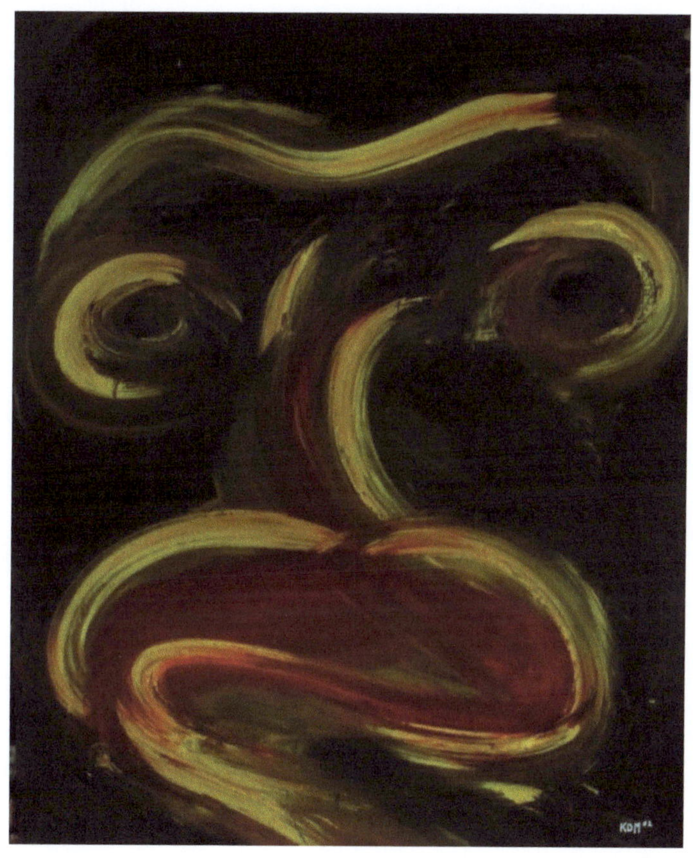

Willkommenskultur

Ich kenne ein Land,
da Milch und Honig fließen,
aus der Erde Bürokraten sprießen
und an den Ufern
Paragraphen wuchern.

Jetzt kommen Fremde in das Land,
und hilfreich bieten viele ihre Hand.
Um dann nach etwa sieben Jahren
festzustellen, dass sie zu lang hier waren.
Gerechte werden richten,
dass sie nicht bleiben dürfen,
zu wenig Platz, wo Viele aus dem Vollen
schlürfen.

Und die Moral von der Geschicht,
Menschen im Überfluss - sie teilen nicht.

Weihnachten Anno Domini 2000

Das Kreuz

die unbeugsamen

Flügel streckt

den Blick

zu wehren

auf das Bild

vom Stall

zu Bethlehem

wo lange schon

kein Engel

mehr erschienen

die Hirten

aufeinander schießen

und weise Könige

nach Golgatha verbannt

Kaspar

ward ohnehin

erst kürzlich

nahe Cottbus

in den Tod getrieben.

Das Selbst und eine Kultur der Selbstständigkeit

In was für einer Welt leben wir? Vieles ist unverständlich geworden, fremde Mächte bedrohen „die Arbeit", die früher so konkret war, sichtbare Produkte und Ergebnisse ablieferte und die Leistung und den Lohn in einen Zusammenhang stellte. Aber das „normale" Verständnis von Arbeit löst sich auf. Das sog. Normalarbeitsverhältnis befindet sich in seiner historischen Defensive. Es wird immer deutlicher, dass eine Individualisierung und Entstandardisierung in Form einer neuen Selbstständigkeit Raum greift, die eine Neufassung der Rahmenbedingungen voraussetzt. Die Organisationsstrukturen werden verschlankt und verkleinert, Hierarchien werden abgebaut, man konzentriert sich auf Kernkompetenzen und lagert Funktionen aus und baut stattdessen Netzwerkstrukturen auf und intensiviert die horizontale Kommunikation. Für immer mehr Menschen bedeutet das eine Neuerfindung des „Selbst" in einer immer komplizierter werdenden Welt. Selbst in dieser Welt stehen und für sein eigenes Handeln Verantwortung übernehmen, selbstständig leben. Das „Selbst" hat Einzug gehalten in die Debatte um die Zukunft der Gesellschaft.

Christiane Hütter, die junge Diplom-Psychologin und studierte Drehbauchautorin macht es in der kleinen Festschrift zu meinem 60. Geburtstag mit ihren Worten deutlich:

„Selbstständigkeit bedeutet Überblick. Sie sind das Zentrum der Welt. Welcher? – Ihrer. Gingen Sie weg, bliebe nichts. Heutzutage müssen Sie sie selbst sein. Ständig. Aber können Sie das überhaupt ohne andere? Selbstständigkeit ist die Grundlage für Solidarität (vom lateinischen solidus: gediegen, echt oder fest). Solidarität ist nur möglich, wenn jemand von selbst steht. Vorangeht. Zur Seite sieht. Mitreißt und auffängt. Sie bietet die Möglichkeit zur Unterscheidung zwischen Standbein und Spielbein, zur Autonomie, dazu, entscheiden zu können, welche Gedanken gedacht werden. Dazu, zu erkennen, wie wenig Eigenes im eigenen Drama wirklich ist und wie viel übergeordnete Dramaturgie.

Selbstständigkeit ist nicht nur Selbstverantwortung. Sie bedeutet auch, den eigenen Platz zu finden. Stellen Sie sich doch nicht so an! Könnte man vielen Menschen zurufen, gehen Sie doch mal selbst vor, machen Sie was, denken Sie mit! Menschen, die den Überblick haben, sollten dies tun: andere Menschen ermutigen, das zu schaffen, was sie schaffen können, sie sollten das Spiel finden, in dem die anderen gerne mitspielen und es so anlegen, dass die anderen es verstehen und

sich nach dem Spielen sogar selbst neue Levels
ausdenken können."

Sicher bleibt: Nicht jeder möchte und kann ein
„reflexives Subjekt" sein, wie die Soziologen die
vernetzten Einzelkämpfer euphemistisch nennen. Der Vorteil des Konzeptes einer „Humanisierung des Arbeitsplatzes" war, dass man einen
Platz hatte. Die Emanzipation durch die Arbeit
erfolgte im Rahmen einer gewissen Sicherheit
und war von den Gewerkschaften organisierbar.
Aus diesem Grund stellt sich die Frage auch zu-
künftig: Für wen ist diese neue Autonomie eine
neue Freiheit und der Emanzipation dienlich und
wen trifft sie als perfide Form der Ausbeutung?

Auch richtig bleibt aber, dass unsere Gesellschaft
nur eine Chance hat, Wohlstand und soziale Si-
cherungssysteme zu erhalten, wenn es gelingt,
möglichst viele der jungen begabten und innova-
tiven Menschen in Selbstständigkeit zu bringen.
Das ist auch Konsens. Der SPD-Parteivorsit-
zende und Bundeswirtschaftsminister Sigmar
Gabriel unterstrich dies in seiner Rede auf dem
Berliner Parteitag der SPD 2015: „Zur Wahrheit
gehört auch, dass die fünf stärksten Unternehmen in den USA weniger als 30 Jahre alt sind
und dass diese fünf Unternehmen das Doppelte
an Börsenkapital haben wie alle unsere DAX-30-
Unternehmen zusammen. Das letzte neu ge-

schaffene Unternehmen aus Deutschland mit einer globalen Marke ist SAP und wurde 1972 gegründet. Sicher, wir haben Gott sei Dank viele kleine und mittelständische Weltmarktführer. Aber, Genossinnen und Genossen, wir brauchen mehr Gründungsdynamik in Deutschland. Wir brauchen mehr Unternehmer. Wir brauchen eine Gründerszene, die sich in der digitalen Welt behaupten kann. Denn ohne Start-Ups wird die Digitalisierung nicht gelingen."

Aber, so kann man dem zuständigen Bundesminister zurufen, dafür brauchen wir mehr Zugang zu Kapital. Man bedenke, keine Sparkasse in Deutschland, geschweige denn der Verband der Sparkassen, hat einen eigenen Wagniskapitalfonds, um Gründungen direkt zu unterstützen. Und wir brauchen eine Gründungskultur, nicht nur Förderprogramme. Was ist in diesem Zusammenhang unter „Kultur der Selbstständigkeit" oder „Gründungskultur" zu verstehen. In Anlehnung an den Kommunikationswissenschaftler Gerhard Maletzke ist Kultur im Wesentlichen zu verstehen als ein System von Konzepten, Überzeugungen, Einstellungen und Wertorientierungen, die sowohl im Verhalten und Handeln der Menschen als auch in ihren geistigen und materiellen Produkten sichtbar werden. Ganz vereinfacht kann man sagen: Kultur ist die Art und

Weise, wie die Menschen leben und was sie aus sich selbst und ihrer Welt machen.

Und dazu gehört, Kindern in der Schule schon näher zu bringen, das Arbeiten in Selbstständigkeit ein lohnendes und ein wichtiges gesellschaftliches Ziel ist, das Entrepreneurship an Berufs- und Hochschulen nicht die freiwillige Ausnahme bleibt, sondern zu den Pflichtfächern zählen muss. Dazu gehört auch, dass Scheitern kein Stigma bleibt, sondern als mögliche Folge von Risiko anerkannt das Weiterarbeiten möglich macht und durch neue wirtschaftliche Aktivitäten Verluste wettgemacht werden können. Neue Formen der Finanzierung von Gründungen, wie Crowd-Investing und Crowd-Funding, müssen mehr Publizität und staatliche Unterstützung erfahren.

Der Begriff der **Emanzipation** könnte eine Perspektive öffnen auf eine Gesellschaft mit immer weniger Erwerbsarbeit. Der „sozial verantwortliche Mensch" gehört in den Mittelpunkt gesellschaftlicher Bewertungskriterien und sollte Erwerbstätigkeit als wesentliches Statuskriterium abzulösen.

Dabei greift die Diskriminierung der Debatte um mehr Eigen- und Selbstverantwortung im beruflichen Kontext bei aller von mir empfohlenen

Wachsamkeit als Teil „neoliberaler" Entsolidarisierung viel zu kurz und konterkariert auch alle
Bemühungen um ein innovatives Gründungsklima und den für eine Gründungskultur erforderlichen Aufbau einer entsprechenden Infrastruktur und fördert die Manifestierung von
Ängsten vieler vor dem Schritt in die Selbständigkeit. Das persönliche Sicherheitsempfinden
ist nach wie vor ein großes Hemmnis. Eine Kultur der Selbstständigkeit ist vor allem eine Kultur der Risikobereitschaft als Voraussetzung für
Innovationen und Fortschritt.

Brot und Spiele

Der Circus Maximus,
digital und grenzenlos,
dem Himmel gleich.
Das Kolosseum,
öffentliche Totenschau
im Taschenformat,
flach und gar nicht eckig,
die Kommunikation verhöhnt.

Dumpfe Glamoratoren
den Lemmingen
Brot und Blutwurst
gefällig servieren
in delirierendem Land.

Die farblosen Caesaren
als Spielverderber
nur dem Protest
partizipativ
noch Gründe geben.
Und immer noch
dem Götzen Wachstum
frönen.
Quo vadis libertas?

Medien im digitalen Zeitalter und Verantwortung

Medien und Politik

Alle Demokratiemodelle setzen die vollständige und authentische Information aller Bürgerinnen und Bürger über alle wichtigen politischen Sachverhalte und die Handlungsabsichten der repräsentativen politischen Akteure voraus. (so auch Thomas Meyer (2001): Mediokratie, Die Kolonisierung der Politik durch die Medien, edition suhrkamp, Frankfurt am Main, S. 21) Wie steht es denn zu Beginn des 21. Jahrhunderts um diese Voraussetzung von Demokratie? Kann unsere Bevölkerung als „authentisch" und „vollständig" informiert gelten? Ist ein solcher Kenntnisstand überhaupt (noch) erreichbar?

Wir müssen zwischen der unmittelbaren sinnlichen Wahrnehmung unterscheiden, den täglichen persönlichen Erfahrungen, die wir in unserer direkten Umwelt machen und der mittelbaren Wahrnehmung (Informationen aus zweiter Hand) durch Gespräche, über Bücher und vor allem über die Massenmedien, aber zunehmend natürlich auch durch Nutzung des Internets. Es ist von großer Bedeutung, welche Informationen uns erreichen, was wir davon überhaupt noch wahrnehmen. Der moderne Mensch leidet an akuter Informationsüberflutung. Der Anteil nicht beachteter Informationen liegt heute bei über 95%, mit steigender Tendenz. Und doch: Was nicht in den Medien erscheint, geschieht nicht, nur was ständig wiederholt oder eindringlich dargestellt wurde, setzt sich in unseren Gehirnen ab und prägt unser Bewusstsein. Es kann uns daher nicht gleichgültig sein, wer diese Informationen mit welchen Interessen verbreitet. Werden wir im Sinne anderer manipuliert oder helfen die Massenmedien in ihrer Vielfalt bei der eigenen unabhängigen Willensbildung als Voraussetzung demokratischer Strukturen? Hier treffen die Theorie der pluralistischen Meinungsbildung und die Theorie der Bewusstseinsindustrie aufeinander. Richtig ist, dass der auf vielfältige Informationen bedachte Rezipient heute gerade über das Internet mehr Möglichkeiten hat, sich breit zu informieren. Ebenso richtig bleibt, dass die überwiegende Mehrheit unserer Bevölkerung weiter die klassischen Massenmedien eher unkritisch konsumiert und natürlich mit Informationen konfrontiert wird, die von unterschiedlichen Interessen geprägt sind, seien es die der Regierenden, der werbenden Wirtschaft oder die der Nachrichtenagenturen, die nicht selten politisch geprägt sind und auch vor einer Manipulation von Fotos und Filmen nicht zurückschrecken. Wir wissen, dass bestimmte Bilder allzu häufig nur von angepassten Journalisten gemacht werden dürfen (embedded journalism), gerade aus den Kriegs- und Krisengebieten heraus. Vor allem aber entsteht Manipulation auch durch Weglassen. Zusammenhänge und Hintergründe fallen dem Diktat des Infotainments zum Opfer, die Einschaltquote im Kampf um die knappste Ressource unserer Zeit, die Aufmerksamkeit (und mit ihr der Unterhaltungswert) diktiert Qualität und Nutzen einer Information. Unter den bestehenden Produktionsbedingungen hat die kompromisslose Ausschöpfung des Inszenierungspotenzials unabhängig von Formaten, Handlungsbereichen und Themen immer den Vorrang vor dem Inhalt. Wird dieser Prozess durch die Globalisierung weiter verstärkt?

Medien und Globalisierung durch Digitalisierung

Die Vorstellung von der Welt wird durch die Globalisierung zunehmend komplexer und droht uns noch mehr zu überfordern. Gibt es eine entsprechende mediale Vermittlung dieser neuen Wirklichkeit? Optimistisch betrachtet kann die Globalisierung der Medien als Chance begriffen werden; so prägte Herbert Marshall McLuhan das Wort vom „globalen Dorf" mit einem unverzüglichen Zugang eines jeden Bürgers zu einer unbegrenzten Zahl von Informationsquellen. „Doch auch der geschrumpfte Globus bleibt – wie jedes Dorf – ein durch Ungleichheit gekennzeichneter gesellschaftlicher Raum: Zum Ersten ist schon der Zugang zu den Medien auf der Welt äußerst ungleich verteilt, und insbesondere vom Internet sind manche Entwicklungsländer noch immer gleichsam abgeschnitten. Zum Zweiten bietet das globale Dorf vor allem dem Kapital der Global Player neue, weltweit relativ ungehemmte Möglichkeiten der Akkumulation." (Egon Müller, Globalisierung der Medien, S. 10 f.)

Fest steht: Die bereits unter den Bedingungen des dualen Rundfunksystems nachhaltig veränderten Rahmenbedingungen für die Herstellung von Öffentlichkeit erfahren durch die wachsende Bedeutung des Internets eine wesentliche strukturelle Veränderung. Bezogen auf das Gatekeeper-Monopol der traditionellen Massenmedien konstatiert Neuberger (2004: 2-22), dass das Internet eine neue Dimension eröffnet, da die ökonomischen, technischen, kognitiven und rechtlichen Barrieren, die bei Presse und Rundfunk der Artikulation in der Öffentlichkeit im Wege stehen, im Internet deutlich niedriger sind. Struktur bestimmend für die Möglichkeit eines neuen Öffentlichkeitsmodells ist danach unter anderem, dass gesellschaftliche Akteure nun bei der öffentlichen Selbstdarstellung die Massenmedien umgehen können und dass Rezipienten der Massenmedien nun die Rollen tauschen und als Laienkommunikatoren auftreten können.

Neuberger verweist aber mit Recht darauf, dass damit in erster Linie ein technisches Potenzial beschrieben ist und die Phantasien der Netzutopisten und die Visionen eines liberalisierten und demokratisierten Öffentlichkeitsmodells die negativen Effekte des vereinfachten Zugangs zur Öffentlichkeit berücksichtigen müssen. Die sieht Neuberger unter anderem auch in der vielfach vorliegenden mangelnden persönlichen Befähigung zum Umgang mit dem Internet, in den Defiziten zum Handling der Informationsflut im Web und auch in dem Sachverhalt, dass das Internet zwar Partizipation erleichtern könne, aber den Willen zur Partizipation nicht selbst erzeugt.

Auf der Jahrestagung der Deutschen Gesellschaft für Soziologie wurde schon 1996 „Mediatisierung" als Prozesskategorie der Globalisierung in die Diskussion eingeführt. (Vgl. Hradil 1997) Wir beobachten eine Vermehrung, Beschleunigung und Verdichtung medialer Kommunikation, welche auf einer anderen Ebene liegt als z.B. das Zusammenwachsen der Wirtschaft und der Finanzmärkte. Medien sind nämlich auch geeignet, einen kulturellen Austausch zu befördern, und die sog. Medienkulturforschung fragt danach, in welchem Maße dies der Fall ist. (Vgl. Winter 2005)

Die Zukunft der modernen Gesellschaften erscheint entscheidend bestimmt durch die neuen Informations- und Kommunikationstechnologien, welche das gesellschaftliche Verhalten, Kulturideale und Ordnungsbegriffe wie Ethnie, Nation, kollektive Identität (Klasse, Schicht, Religion) oder einfach auch das persönliche Gespräch verdrängen. Die globalen

Kommunikationskulturen scheinen eine ständige Selbst- und Fremdrelativierung zu erzwingen; entgrenzte Kommunikationsprozesse lassen globale Sinnmixturen entstehen, die auch für die Politik nicht ohne Bedeutung sind. Es handelt sich in gewisser Hinsicht um ein Phänomen der Auflösung, das nur schwer mit Begriffen zu benennen ist. Im wissenschaftlichen Diskurs stehen sich darum zwei Denkschulen gegenüber, nämlich der Versuch die Welt als *Mehrebenensystem* zu begreifen und jeder Ebene dann auch Institutionen und handelnde Akteure zuzuweisen, sowie der Versuch mit Metaphern wie Netzwerk oder Fluss bzw. Strom gedanklich eine „komplexe Konnektivität" zu erzeugen.

Das Konzept der Konnektivität umschreibt das Thema der „globalen räumlichen Nähe", andere vergleichbare Metaphern sind die „Dehnung" oder „Einbettung" sozialer Beziehungen über potenziell weite Entfernungen, die „schrumpfende Welt", die „Kompression von Raum und Zeit" oder von „raum-zeitlicher Konvergenz" usw. (Hepp/Krotz/Moores/Winter 2006, S. 8.)

Gegen die These von der komplexen Konnektivität durch die Existenz global agierender Massenmedien spricht einiges: Diese Konnektivität findet nämlich nicht wirklich statt. Der Kommunikationswissenschaftler Kai Hafez hat deutlich gemacht, dass in allen Regionen der Welt zu allererst über die eigene berichtet wird. Eine grenzüberschreitende Fernsehnutzung ist nach wie vor die absolute Ausnahme und in der Regel auf gemeinsame Sprachräume begrenzt. Durch direkt empfangbare Satellitenprogramme wird nicht der Internationalismus gefördert, sondern die „Ethnisierung" durch die virtuelle Bindung an das Heimatland. Als Fazit kommt Hafez zu dem Ergebnis: „Medienproduktion und Mediennutzung sind konservative kulturelle Kräfte." (Vgl. Hafez 2005)

Nach Hafez ist die Medienentwicklung als Prozesskategorie der Globalisierung zumindest als interdependente komplexe Konnektivität also ein Mythos. Aber auch mit Blick auf die Politikvermittlung zwischen Parteien / Regierung und Wahlvolk gilt, dass eine globale Öffentlichkeit keinesfalls existiert. Sie entspricht einfach nicht den Funktionserfordernissen einer Demokratie, bei welcher die Machtbasis gegenwärtiger und potenzieller Mandatsträger die regionale oder nationale Ebene ist. So befassen sich auch einige Arbeiten zur Politikvermittlung nahezu ausschließlich mit *nationalen* Politikprozessen und besonders mit der Rolle von Medien in (nationalen und regionalen) *Wahlkämpfen*. (Vgl. Sarcinelli/Tenscher 2003; Langauer 2007) Die Logik des entwickelten Parlamentarismus hat sich als „stärker" erwiesen als technologiezentrierte Demokratiemodelle. Ein Potenzial ist immer eine Spekulation auf die Zukunft. Ob zumindest Teile des Potenzials Realität werden, hängt von der sozialen und politischen Anschlussfähigkeit der neuen Technologien bzw. Medien ab. Die hat mit den konkreten Menschen und ihren kognitiven Schwächen zu tun, aber vor allem mit dem erfahrbaren Nutzen für die Parlamentarier (Müller, Klaus-Dieter 2007: 249).

Politische Bedeutung des Internets

Auch wenn sich das Internet bei uns noch nicht als Medium für mehr Partizipation bewiesen hat, darf es als subversives Instrument von Protestbewegungen nicht unterschätzt werden. Twitter war eines der wichtigsten Protestmedien und Koordinationswerkzeuge der iranischen Protestbewegung im Zusammenhang mit der Wahlmanipulation bei der Präsidentenwahl. Insoweit gewinnt das Internet auch eine global bedeutende Funktion. Gleiches gilt im Umkehrschluss auch für den internationalen Terrorismus. „So konsequent die Attentate (des 11. September) auf eine symbolische oder abstrahierte Größe zielten, ist es nur folgerichtig, dass sie als ein Medienereignis inszeniert worden sind. (...) Nicht die Gewalt des Realen war zuerst da, gefolgt vom Gruseleffekt des Bildes, sondern es verhält sich eher umgekehrt: Am Anfang war das Bild, und erst dann kam der Schauder des Realen. (...) Die Kommentare von Medientheoretikern, die einen Einbruch der Realität in die hyperreale Simulation konstatierten („Welcome to Reality" oder „Last Exit Reality"), treffen dabei nicht den Kern des Vorgangs; eher wäre im Sinne von Deleuze zu sagen, dass die Bildmedien keine Realität simulieren, sondern im Gegenteil die Realität nunmehr in den Kategorien der Medien stattfindet. Nicht einmal den Namen seiner Apokalypse hat der 11. September erfunden, stammt er doch aus der Schlussszene des Fight Club, in welcher der gesamte Financial District in ungeheuerlichen Explosionen in sich zusammenstürzt: Ground Zero." (Navid Kermani, Der neue Terrorismus: Dynamit des Geistes in: Ulrich Beck (HG), Generation Global, S. 46) Dieser Prozess hat sich leider fortgesetzt und ist zum allgegenwärtigen Bedrohungsphänomen geworden.

Während sich unzählige Netz-Communities gebildet und die Interaktionen darin längst verselbstständigt haben, beschäftigt sich die Politik weiter mit Grundsatzfragen zur Netzpolitik. Deutschland steht immer noch vor der Herausforderung einer nationalen Regulierung des globalen Internets. Mit Mitteln der traditionellen Medienpolitik kann hier nichts mehr erreicht werden. Währenddessen wächst das Spannungsverhältnis (die Entfremdung) zwischen Politik und Bürgergesellschaft. Regina Wallner hat in ihrer Dissertation zum Thema „Digitale Medien und die repräsentative Demokratie" sehr deutlich gemacht, was der Entfremdungsprozess alles bewirken kann, wenn hier nicht schnell etwas entgegengesetzt wird. Der Begriff des Widerstands spielt bei ihr eine zentrale Rolle. Während die Mehrheit der Rezipienten die Unterhaltungsangebote im Netz exzessiv nutzt, Informationen eher nach dem Zufallsprinzip durchs Klicken auf gerade verfügbaren Seiten erhält und sich ihre Beteiligung am Willensbildungsprozess zu häufig aufs „Liken" beschränkt, nutzen kleine Gruppen von Netzaktivisten die vielfältigen Möglichkeiten im Internet, um erfolgreich Druck auf die politisch Verantwortlichen auszuüben.

Mediale Politikvermittlung

Es fällt Programmparteien wie der SPD schwer einzusehen, dass „das Modell einer über lange Fristen hinweg im Gespräch mit vielen zivilgesellschaftlichen Instanzen sich verständigenden Partei, die allmählich zu ausgereiften Beschlüssen und Programmen gelangt, in der Praxis nun eher zum Hemmnis für mediengerechtes Agieren wird". (Thomas Meyer 2007: 44) Die Frage nach dem Sinngehalt von Sozialdemokratie beantwortet sich nicht alleine programmatisch, sondern auch durch das personelle Angebot, welches die politischen Inhalte glaubwürdig verkörpert. Es gibt hier sozusagen eine gegensätzliche Entwicklung zwischen der unterstellten erweiterten Weltsicht durch die Globalisierung und gleichsam einer Flucht in die Personalisierung von Politik. „Unter dem Druck der Medienlogik, ihres gebieterischen Präsentismus mit seinem Zwang zu jederzeitigen Sofortreaktionen und spontanem Testhandeln der politischen Spitzenrepräsentanten ergibt sich wie von selbst die Abkoppelung der

Mitgliederparteien mitsamt der ihnen eigentümlichen Diskursformen und –zeiten von den Kommunikationsstrategien der Spitzenakteure." (Thomas Meyer 2001: 153)

Diese Marginalisierung der politischen Parteien in der medialen Politikvermittlung, wie Meyer es überschreibt, darf nur nicht dazu führen, dass sich die Spitzenpolitiker über ihre Mitglieder und Anhänger und deren Befindlichkeiten unsensibel hinwegsetzen, wie es Gerhard Schröder mit der Agenda-Politik gemacht hat. Gleiches gilt in Bezug auf die Bevölkerung insgesamt, wenn Regierende die internationalen und auch bündnispolitischen Zwänge nicht mehr vermitteln können oder wollen, wie in der aktuellen Zuwanderungsdebatte deutlich wird. Stattdessen versuchen sie Zeit zu schinden mit Leerphrasen (Wir müssen die Probleme der Zuwanderung in den Herkunftsländern lösen) oder unglaublichem Stückwerk (Wir subventionieren die Türkei, damit die dort politisch verantwortlichen undemokratischen und religiösen Eiferer die Flüchtlingsströme vor ihren Toren menschenunwürdig ausharren lassen). Weiße Salbe fürs Volk. Es geht um Inhalte und Glaubwürdigkeit von Kommunikation, aber auch um die „soziale Anschlussfähigkeit“ von Politik/er/innen in medientechnischer, Format orientierter und sprachlicher Sicht.

Seit Jahren wird eine Politikverdrossenheit der Jugendlichen konstatiert, die aber besser als Partei- oder Organisationsferne beschrieben werden muss. Mathias Albert nennt es „das Janusgesicht der Politikverdrossenheit“ (Mathias Albert, Jugend ohne Perspektive? – Alte Werte und „neuer“ Generationenkonflikt, www.familienhandbuch.de). Jugendliche sind durchaus bereit, sich für die Belange anderer zu engagieren und einzusetzen. Aber es ist ein problem- und projektbezogenes, nicht auf dauerhafte organisatorische Bindung angelegtes Engagement. Es handelt sich um eine andere Form politischen Engagements, welches auch auf die sich verändernden Grenzen des Politischen in der Gesellschaft verweist. Albert bezeichnet es treffend als „vorrangige Herausforderung insbesondere für politische Parteien, Jugendlichen genau dies bereitzustellen. Solche Beteiligungsformen widersprechen zwar der Logik parteipolitischer Konkurrenz und traditionellen Bindungsstrukturen, sie erscheinen aber als einzige Möglichkeit, eine wünschenswerte Verknüpfung zwischen „traditionelleren“ For-

men politischen Engagements und der Eigen-
initiative bzw. dem Engagement in eher „poli-
tikfernen" Bereichen durch die Jugendlichen
herzustellen.

Die gesellschaftliche Relevanz veränderter Mediennutzung

Bei alledem haben wir und die politisch Verantwortlichen es mit einem grundlegenden
Wandel des Mediensystems zu tun. Einige Zah-
len seien genannt:

Fast 80% der Bevölkerung nutzen im Jahr 2015
einen im Haushalt vorhandenen Computer. In
der jungen Zielgruppe ist mit 98% selbst ge-
nutzten Geräten und etwas mehr Verfügbar-
keit im Haushalt de facto eine Vollversorgung
gegeben.

Die Mediennutzung hat auch in Deutschland
insgesamt in den letzten Jahren zugenommen.
Bernhard Engel und Christian Breuning nehmen in den Media Perspektiven 7-8/2015 Bezug
auf die ARD/ZDF-Langzeitstudie und geben die
Nutzungsdauer tagesaktueller Medien mit 566
Minuten pro Tag an, wobei die 14- bis 29- Jäh-
rigen das Internet als Distributionsweg deutlich stärker nutzen als die Gesamtbevölkerung.

Musik wird in der jungen Zielgruppe mit 51 Minuten mehr als doppelt so lange gehört wie in der Gesamtbevölkerung. Die Tageszeitung ist bei jungen Menschen ebenso wie DVDs im Vergleich zur Gesamtbevölkerung mit jeweils 9 Minuten Nutzungsdauer ein Randmedium.

Da der Fernsehkonsum nahezu gleichgeblieben ist, wird die Entwicklung in der jungen Zielgruppe gern heruntergespielt. Die nennenswerte Veränderung unterlegt die nachstehende Tabelle.

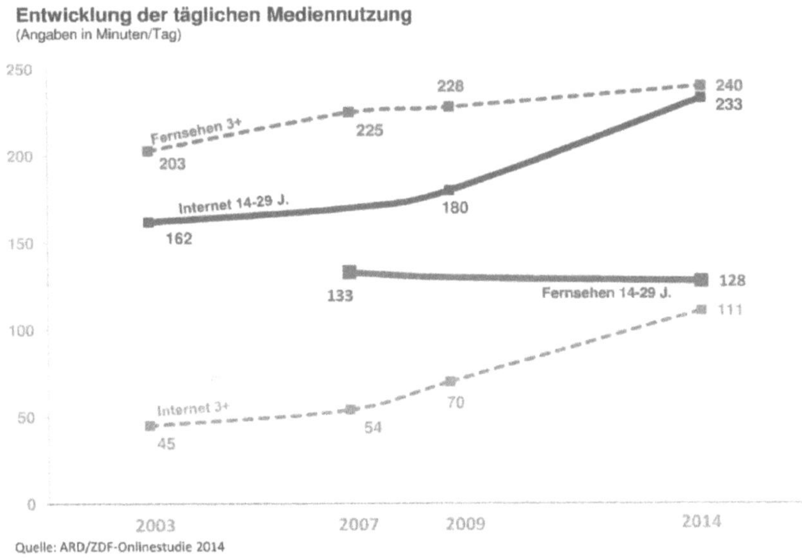

Die entscheidenden Veränderungen sind: Es steht alles überall zeitgleich zur Verfügung.

Und die Individualkommunikation und Social Media, die nicht Bestandteil der Mediennutzung in der ARD-ZDF-Langzeitstudie sind, stehen noch in einem sehr viel direkterem Wettbewerb um das Zeitbudget der Menschen als dies früher der Fall war.

Auch die Kinolandschaft spielt den Wandel gerne herab. DER TAGESSPIEGEL vom 07.02.2016 titelt: Geliebte Illusionsmaschine. Seit Jahrzehnten prophezeien Schwarzmaler seinen Niedergang…Doch das Kino ist sehr lebendig und provoziert heftige Emotionen". Nur bei wem noch? Die Kinofilmproduktion in Deutschland gewinnt zwar an Bedeutung. Mit 130 Millionen Besucher/innen haben die deutschen Kinos nach Angaben der FFA (Filmförderanstalt) im Jahr 2013 zum zweiten Mal die Umsatzmilliarde überschritten. Die Anzahl der in Deutschland (ko-)produzierten Filme hat sich in den letzten 10 Jahren mit jetzt mehr als 230 Filmen verdoppelt. Es muss bei allem Optimismus aber beachtet werden, dass die Zahl der 10-19-jährigen Kinobesucher von 2009 auf 2014 um 36 % und die der 20-29-Jährigen um 33 % zurückgegangen ist. Die Gruppe der 20-29-Jährigen wird nur noch etwa zur Hälfte vom Kino erreicht, wie Dieter Wiedemann in seinem

Gutachten zur Evaluierung der Filmförderung feststellt.

Die Folgen der Digitalisierung und des damit verbundenen Wandels sind die Fragmentierung des Zielpublikums, der Mediennutzung und des Contents. Die Erreichbarkeit eines Massenpublikums wird immer schwieriger, Medien übergreifende Strategien gewinnen an Relevanz. Der Zuschauer verteilt seine Zeit selbst auf viele parallele Kanäle. Das lineare Programm verliert an Bedeutung, die Zuschauer werden zum eigenen Programmchef. Hinzu kommt, dass mehr und mehr alles immer und überall verfügbar ist. Im Wettbewerb um die Generierung von Aufmerksamkeit bei Publikum und Verbrauchern wird es für Medienschaffende immer wichtiger, cross-mediale Kooperationen zu schmieden, und Filme, Zeitschriften, Bücher und Beiträge im Netz miteinander zu verbinden. Es geht vermehrt um das sog. „pre-existing-property“, durch das Aufmerksamkeit grundsätzlich schon vorhanden ist, dass durch Kooperationen mit anderen Medien weiter expandieren können soll. Das wird zu neuen Wertschöpfungsketten und anders profilierten Medienunternehmen führen.

Es wird für Politik und Journalismus insgesamt deutlich schwieriger, eine breite Öffentlichkeit zu erreichen. Die Entfremdung zwischen Bürgergesellschaft und Politik wird weiter zunehmen. Den politisch agierenden Interessenorganisationen und den Netzaktivisten steht eine Mehrheit von Rezipienten gegenüber, die sich vornehmlich unterhalten lässt und Informationen eher zufällig durch Clicks im Netz erhält. Politische Beteiligung erschöpft sich, wenn überhaupt, auf die Betätigung eines „Like-Buttons", wie schon beschrieben. Mehrheiten werden so immer anfälliger für Manipulationen. Daraus ergeben sich meiner Überzeugung nach Handlungsnotwendigkeiten, für die unterschiedliche Akteure verantwortlich sind.

Die Verantwortung der Medienakteure und der Mediennutzer

Der Mediensektor ist gekennzeichnet durch den Doppelcharakter der Medien als Wirtschafts- und als Kulturgut, den Umgang des Individuums mit diesen Machtfaktoren, aber auch durch die mit ihnen verbundenen Chancen und Möglichkeiten. Darum muss der Begriff der Verantwortung hier grundsätzlich eine besondere Rolle spielen.

Für den Bereich der Medien ist das Prinzip der Verantwortung von zwei Seiten zu betrachten, nämlich von derjenigen der Produzenten und derjenigen der Nutzer. Medien haben einen anderen Produktcharakter als Waschmaschinen oder Kraftfahrzeuge, denn sie transportieren Inhalte und Emotionen. In der Regel wird also die Profitmaximierung mit einem Produkt angestrebt, das gesellschaftliche und politische Bedeutung hat, womit zwei Sphären von Verantwortung aufeinandertreffen: die ökonomische Zweckrationalität und die inhaltlich-ästhetische Wertrationalität sind miteinander zu verbinden. Noch gibt es klassische Verleger-Familien, die diese Spannung anzugleichen versuchen; wo die Unternehmensleitung aber zunehmend durch angestellte Vorstände und anonyme Eigentümer wahrgenommen wird, verlieren familiäre Traditionen an Bedeutung und werden durch Systemanforderungen ersetzt. (Funiok 2007, S. 124 f.) In diesen Kontext fallen sowohl die Fehlentscheidung des Kartellamtes in Sachen Kirch/Springer als auch die bislang rechtlich nicht beanstandete Praxis um die Verwertungsrechte (total buy out). An die Durchsetzung medienethischer Grundsätze bei Unternehmen wie bei den Medienschaffenden selbst kann ich nachhaltig nicht glauben, zumal das Individualmedium Internet sich mit Ausnahme strafbarer Handlungen einer wirksamen moralischen Vorhaltung entzieht, wie es zum Beispiel beim Presserat für Printmedien (gelegentlich) noch funktionierte.

Gleichzeitig erfordert aber auch die Nutzung von Medien eine gewisse Verantwortung. Aufforderungen hierzu haben aber allenfalls „Appellcharakter". Es ist heute viel von Medienkompetenz als einer Schlüsselqualifikation für die Informations- oder Wissensgesellschaft die Rede. Medienkompetenz, da stimme ich Rüdiger Funiok zu, ist eine globale Zielgröße, welche nur durch verschiedenartige erzieherische, unterrichtliche und selbstorganisierte Bildungsprozesse erreichbar und aktualisierbar ist. Darum kann sich der Staat nicht aus der Verantwortung dringend gebotener intensiver Förderung von Maßnahmen der Medienerziehung und Medienfortbildung entlassen. Das muss in der Schule beginnen und deutlich intensiviert werden.

Für die Mediennutzungsethik betont Lübbe schon vor über 20 Jahren (1994, 314) die Bedeutung der Tugend der Mäßigung. Ich greife diesen Ansatz in meinem Buch „Das iPhone und der liebe Gott" auf und konstatiere: *„Es gibt gute Gründe für die Annahme, dass die medientechnologische Revolution eine gigantische Zeit-Vernichtungsmaschinerie in Gang gesetzt hat; Zeit wird vernichtet, die man eigentlich zum Leben braucht."* Für einen Weg der Mäßigung braucht es aber einen Wertewandel: Erfolgreich ist nicht mehr der, der allzeit erreichbar durch das Netz wabert und mit Halbwahrheiten und Halbwissen daherkommt, sondern der, der bewusst und verantwortlich (digitale) Medien nutzt. Einen solchen Paradigmenwechsel sehe ich aber nur, wenn durch Langzeitstudien wirklich belegt ist, dass exzessive Mediennutzung als zentraler Lebensinhalt auf Dauer krank und einsam macht.

Ich möchte abschließend in diesem Kapitel ein Thema besonders hervorheben, das mir wichtig ist, weil es aus meiner optimistischen Sicht eine Chance darstellt, das repräsentative parlamentarische System zu stärken. Ich meine das „Leaking" durch sog. Whistleblower. Diese Form des zivilen Ungehorsams hat unter Zuhilfenahme des Internets eine neue Dimension erfahren. Allen politisch Interessierten sind Edward Snowden, Julian Assange und „Wikileaks", die Vorgänge um „netzpolitik.org" und die „Panama Papers" gegenwärtig. Beim Leaking handelt es sich um Regelbrüche, die durchaus auch strafrechtlich relevant sein können. Die international diskutierte Frage ist, ob ein solch regelwidriges Verhalten dann straf- und zivilrechtlich eine Rechtfertigung erfahren sollte, wenn anderes regelwidriges Verhalten von öffentlichem Interesse damit aufgedeckt wird, wie im Fall Edward Snowdens die permanente Verletzung von Persönlichkeitsrechten durch die rechtswidrige Ausspähung von Menschen durch den amerikanischen Geheimdienst NSA.

Ob der § 34 StGB (Strafgesetzbuch) hier ausreichend Schutz bieten kann, ist mehr als zweifelhaft. Darum wird ein „Whistleblower-Schutzgesetz" gefordert. Bündnis 90/Die Grünen haben schon 2012 einen Gesetzentwurf „zur Förderung von Transparenz und zum Diskriminierungsschutz von Hinweisgeberinnen und Hinweisgebern" in den Deutschen Bundestag eingebracht. Bisher ist nichts passiert.

„Dass Deutschland beim Whistleblowerschutz im internationalen Vergleich hinterher hinkt, wurde jüngst durch eine Vergleichsstudie zwischen den G20-Staaten erneut belegt. Bekannt ist auch, dass Deutschland auf G20-Ebene mehrfach versprochen hat, Whistleblower besser zu schützen, bisher aber untätig bleibt. Auch entsprechende Empfehlungen des Europarates werden bisher ignoriert. All dies ist jedoch kein Verstoß gegen rechtlich bindende Vorgaben, sondern es führt allenfalls zu politischer Unglaubwürdigkeit, solche Versprechungen abzugeben und nicht danach zu handeln. [...]"(www.whistleblower-net.de)

Das zögerliche verschleppende Verhalten, auch der SPD-Bundestagsfraktion, bleibt für mich unverständlich. Offenbar ist man einmal mehr den Drohgebärden der Strafverfolgungsbehörden erlegen, die gerne jede Form des Netzaktivismus als Gefahr für die Rechtsordnung trotz sehr hoher Aufklärungsquoten in Bezug auf die Internetkriminalität beschreiben. Ich bin vor allem deshalb verärgert, weil damit eine Chance für das erforderliche Mehr an „political correctness" vertan wird, welches langfristig das Vertrauensverhältnis zwischen Politik und Gesellschaft positiv beeinflussen könnte. Wenn alle davon ausgehen müssen, dass alles ans Licht der Öffentlichkeit kommt und gegebenenfalls auch strafrechtlich geahndet wird, steht zu erwarten, dass sich politisches Handeln, aber auch das Verhalten von Verwaltung und Manager/innen zum Positiven ändern wird.

Der Staat sollte hier selbstbewusst unterstüt-
zend tätig werden und nicht wieder durch Aus-
sitzen Glaubwürdigkeit verspielen.

Die Wissensgesellschaft als Therapie für den informationellen Kapitalismus

Die gesellschaftlichen Auseinandersetzungen verschieben sich vor allem in der sog. westlichen Welt anscheinend von den Armmuskeln in die Köpfe. In den von Manuel Castells als Bild entworfenen „Strömen" kann nur mit schwimmen, wer gebildet und qualifiziert ist. Aus diesem Grund wird in einer „guten Bildung" der Hebel zu Teilhabe und Emanzipation gesehen. Damit ist aber noch nicht geklärt, inwieweit hohe Qualifikation dem/der Einzelnen gedankliche Unabhängigkeit und Teilhabekompetenz erschließt. Denn Hochschulen sehen sich in verstärktem Maße mit den Funktionsbedingungen des Kapitalismus konfrontiert: Bildung zielt auf Marktfähigkeit ab.

Die Etikettierung unserer Gesellschaft als Wissensgesellschaft beruht zunächst auf einer Zeitdiagnose, welche die Gesellschaft als postindustriell begreift. Da sie aber natürlich weiterhin kapitalistisch bleibt, ist das Verhältnis von Kapitalismus und Wissensgesellschaft die entscheidende Fragestellung. Damit beginnt ein gedankliches Karussell, das angetrieben wird von unterschiedlichen aufeinander bezogenen Analysekategorien. In der fortschrittsoptimistischen Variante spricht man von einer neuen Gestaltbarkeit sozialer Strukturen, in der pessimistischen von einer Verschleierung bestehender Herrschafts- und Ungleichheitsstrukturen.

Kritiker der Wissensgesellschaft eint die These, dass die Wissensgesellschaft die Industriegesellschaft nicht abgelöst hat – im Gegenteil. Der österreichische Philosoph Konrad Paul Liessmann macht es deutlich: „Unter dieser Perspektive wird schnell klar, dass gegenwärtig nicht die Wissensgesellschaft die Industriegesellschaft ablöst, sondern umgekehrt das Wissen in einem rasanten Tempo industrialisiert wird." Und weiter: „Der ‚Wissensarbeiter‘ entpuppt sich als Phänotyp eines Wandels, der nicht dem Prinzip des Wissens, sondern dem der industriellen Arbeit gehorcht. Es ist nicht der Arbeiter, der zum Wissenden, sondern der Wissende, der zum Arbeiter wird."

Auf einer anderen Ebene zu betrachten ist das wissenschaftliche Wissen. Moderne Gesellschaften haben den Anspruch, mit „Wissenschaft" ein Verfahren entwickelt zu haben, das die Gewinnung und Vermittlung eines intersubjektiv überprüfbaren Wissens darstellt.

Das „wissenschaftliche Wissen" hat zunächst die Vermutung von Objektivität auf seiner Seite. Allerdings hat uns die „Verwissenschaftlichung" der Welt nicht vor Absurditäten des Alltags und Unsinnigkeiten der Politik bewahrt. Forschung und Innovation sind noch kein Grund, von einer Wissensgesellschaft zu sprechen. Zum einen ist die begründende Vernunft als Maßstab nur in Teilen der Gesellschaft existent, z.B. in einigen Forschungsinstituten; zum anderen werden weder die Wissenschaftler/innen zu einer dominierenden sozialen Schicht noch die wissenschaftliche Rationalität zu einer den Alltag bestimmenden Denkform.

So stemmen sich auch Autoren gegen die „Kapitalisierung des Geistes", die „Partikularisierung und Fragmentierung" eines Wissens, das mit Bildung, geschweige denn humanistischer Bildung, nichts zu tun hat. Liessmann nennt die Wissensshow „Wer wird Millionär" als typisches Beispiel. Hier wird das Gegenteil von sinnstiftendem Wissen zum Gegenstand von Unterhaltung. Details zu Geländebaggern werden ebenso abgefragt, wie Fragen zum Totenkult der Etrusker. Liessmann kommt zur Schlussfolgerung: „Das, was sich im Wissen der

Wissensgesellschaft realisiert, ist die selbstbewusst gewordene Bildungslosigkeit." Wir nähern uns der Vermutung, dass die Wissensgesellschaft auch Gefahr läuft, zu einer „Verdummungsgesellschaft" zu verkommen. Eine Gesellschaftsanalyse, die auf dem diffusen Komplexbegriff Wissen gründet, bleibt fragwürdig. Mit dem Begriff der Wissensgesellschaft ist eine einzigartige Sprengkraft verbunden, denn gemeint sind in der Regel ein individueller Überlebenskampf und die marktkonforme Nutzung des Wissens.

Aus politischer Sicht verbinden sich mit Wissen Fragen der Legitimation und der Macht. Der Verlust nationalstaatlicher Steuerungskompetenzen durch die Globalisierung und Digitalisierung ist eine Seite. Immer bedeutender wird die Tatsache, dass „wissensbasierte Infrastrukturen" zu einem Machtverlust politischer Systeme führen, denn durch das gesamtgesellschaftlich gestiegene und vor allem individuell zugängliche Wissen verschieben sich die Machtverhältnisse zu Ungunsten klassischer kollektiver sozialer Akteure wie Nationalstaaten oder auch Gewerkschaften. Sie werden zum Teil ersetzt durch Nichtregierungsorganisationen oder soziale Bewegungen, die durch die neuen Medien auch organisationsfähiger geworden sind. Dieser in demokratischen Gesellschaften von vielen als nachteilig empfundene Prozess wird von denselben Akteuren natürlich begrüßt, wenn Wissen und leichter Zugang Meinungsbildungsprozesse und damit auch politische Strukturen verändern hilft.

Es ist sicher eine Wirtschaftsform entstanden, die global, informationell und wissensbasiert ist; was offenbleibt, ist ihre Bewertung.

Wo quantitative Phänomene nicht geleugnet werden können, geht es um ihre qualitative Einschätzung. Unklar ist nach wie vor, ob und welche Form von Wissen als eigenständiger Produktionsfaktor anerkannt werden kann. Die damit zusammenhängende These von der Verschiebung der Wertschöpfungskette bedeutet, dass traditionelle Ressourcen wie Arbeit, Boden, Rohstoffe, ja sogar Kapital an Wert verlieren und durch die Ressource Wissen ersetzt werden. Ist Wissen nur durch konkrete Nutzung in sozialen Zusammenhängen wertvoll? Für Uwe H. Bittlingmayer ist Wissen isoliert betrachtet keineswegs wertschöpfend. „Wissen, das nicht mit Arbeit und Kapital kombiniert wird, ist kein Wertschöpfungsfaktor." (Uwe H. Bittlingmayer (2005): Wissensgesellschaft als

Wille und Vorstellung, UVK Verlagsgesellschaft, Konstanz, S. 104)

Castells konstatiert eine Bruchlinie zwischen informationeller sowie ersetzbarer generischer Arbeit und daraus folgend die Ausgrenzung ganzer Bevölkerungsgruppen. Im Grundsatzprogramm der SPD wird dies unter „Die Widersprüche der Globalisierung" gefasst: „Nie zuvor verfügte die Welt über so viel Wissen. Der technische Fortschritt hat ein ungeheures Tempo erreicht. Schwere körperliche Arbeit kann ersetzt werden. (...) Aber das Wissen und andere öffentliche Güter kommen nicht allen Menschen zugute, weil sie zur käuflichen Ware wurden. (...)"

Ganz sicher spielt die Auftragsforschung heute in vielen Disziplinen an Fachhochschulen, aber eben auch an Universitäten, eine bedeutende Rolle. Es geht inzwischen sogar soweit, dass die Höhe der eingeworbenen Drittmittel bereits als Indikator für die wissenschaftliche Leistungsfähigkeit eines Professors oder einer Professorin, eines Instituts oder einer ganzen Hochschule gewertet wird. Ein Schuft, der Schlechtes dabei denkt. Die Ziele der Forschung sind wichtig, aber es ist m. E. durchaus legitim, auch konkrete Probleme Betroffener zu analysieren und nach Lösungen zu suchen. Bei alledem dürfen aber die Studierenden nicht außer Acht gelassen werden. Hochschulen sind Bildungseinrichtungen. Jede/r Studierende/r muss in seinem Studium Kompetenzen erwerben, die sich nicht nur auf die Kenntnisse von Sachverhalten und Zusammenhängen beschränken dürfen, es geht auch immer um Methoden und Arbeitsweisen, vor allem aber um kritische Unabhängigkeit und ethische Denk- und Handlungsprämissen, die eine Verantwortung für das gesamte Gemeinwesen im Fokus haben und nicht allein Marktmechanismen folgen. In diesem Zusammenhang können Hochschulen als wesentlicher Teil der Wissensgesellschaft dann den informationellen Kapitalismus ein Stück weit therapieren, wenn sie junge Menschen ausbilden, die Profitmaximierung immer auch mit gesellschaftlichen Anforderungen und Wirkungszusammenhängen abgleichen und dafür sorgen, dass junge Wissenschaftler/innen nicht zu Handlangern von Einzelinteressen verkommen.

Farben einer großen Stadt

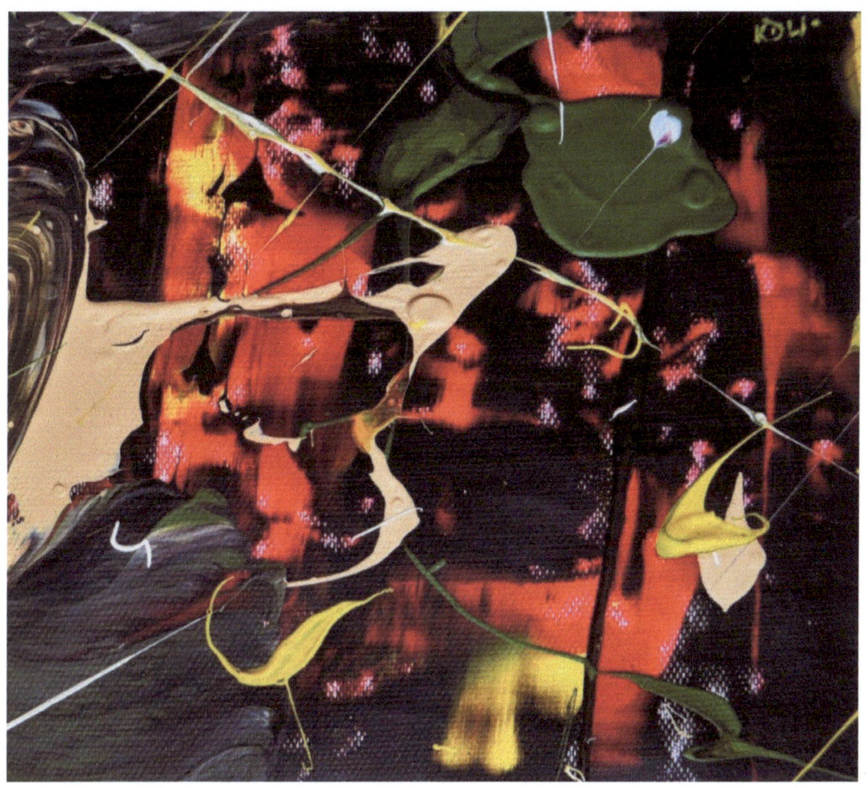

Berlin ist …

- Gegensatz, Widerspruch und Inspiration zugleich.
- „Berlin, wärst du eine Frau. Das wäre einer dieser Momente, in denen man sich in dich verlieben kann. Du bist keine Dame, du bist ziemlich frech, deine Zähne sind ein wenig schief geraten, und auf der Nase trägst du Sommersprossen. Aber jetzt schaut man dir in die Augen. Und plötzlich merkt man: Mein Gott, wie schön du eigentlich bist.“ (Spiegel, 10/2014)
- „so herrlich lebendig, so geladen mit einer seltsamen Elektrizität“ (in Anlehnung an Vicki Baum in: Es war alles ganz anders. Erinnerungen. Berlin)
- imma uff (Der Name einer Kneipe in Berlin-Charlottenburg)
- wenn´s härter gesagt als gemeint ist (Berliner Morgenpost 2010)
- arm, aber sexy (Berlins Regierender Bürgermeister von 2001-2014, Klaus Wowereit, im November 2003)
- wenn eine Familie nicht aussehen muss, wie eine Familie (Berliner Morgenpost 2010)
- eine Dorfkneipe (Gleichnamiger Buchtitel von Lea Streisand)
- „die größte türkische Stadt außerhalb der Türkei. Und wir leben friedlich zusammen.“ (Joschka Fischer, Interview mit „Al Arabia“ am 22. Juni 2004)

- „Eine Metapher für das Entstehen einer neuen Welt." (C. - F. Banci)
- „Was für ein Abenteuerspielplatz! Eine Stadt, die berührt, die frei nach Goethe ,ein Bild in die Seele macht'. Aber auch eine, die berührbar ist."

Auferstanden aus Ruinen

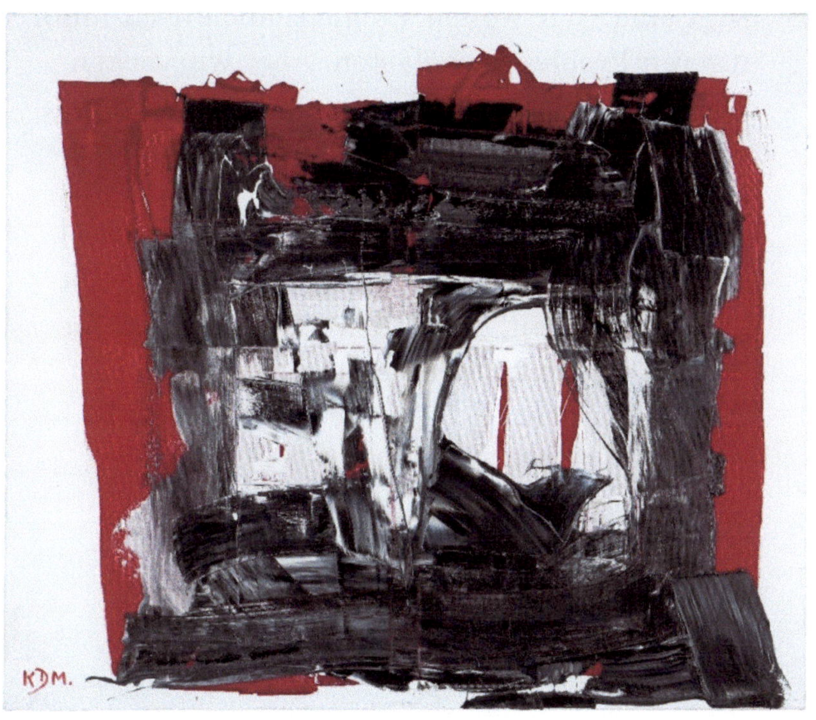

Liebe und Nähe

Liebe ist, um Zuneigung und Nähe zu wissen. Wir aber haben verlernt, es uns abgewöhnt, gerade in schweren Stunden die Nähe anderer zu suchen, die nah dran sind an uns, die uns zugeneigt sind. Wir wollen sie nicht auch noch mit unseren Problemen belasten. Aber wir verkennen, dass Menschen, die einem nahe sind, es überhaupt nicht als Belastung empfinden, wenn sie Kraft durch Nähe und Verständnis geben können. Es gibt ihnen selbst ebenso viel Kraft, weil sie gebraucht werden und es gibt ihnen Sicherheit, weil sie auch für sich Nähe spüren. Lieben können heißt, auch Zuflucht suchen zu können.

Engel.

Engel kann ich mir einbilden.

Zu viele sind mir schon begegnet.

Flügel haben sie keine.

Von oben oder unten kommen sie nicht.

Du findest sie,

ohne nach ihnen zu suchen.

Sie sehen keinem der Engel ähnlich,

die uns Bilder der Bibel

weißmachen wollen.

Aber ein Geschenk Gottes sind sie schon.

Sie sind Hoffnung.

Sie sind Wärme.

Sie sind Rettung.

Meinen ersten Engel habe ich Mutter genannt.

Heute darf ich sie Freunde nennen.

Sie tun so viel,

ohne an sich zu denken.

Es müssen Engel sein.

**Herr Keuner sagte: Es ist ein weit verbreiteter
Unfug,**

dass die Liebe über die Freundschaft gestellt
wird und außerdem

als etwas völlig anderes betrachtet. Die Liebe
ist nur so viel Wert,

als sie Freundschaft enthält, aus der allein sie
sich immer wiederherstellen kann.

Mit der Liebe der üblichen Art wird man nur
abgespeist,

wenn es zur Freundschaft nicht reicht.

Bertolt Brecht

Habe ich dich verdient.

Ich hatte

traumhaft

den Winter vor Augen

süchtige Gefühle

fallen lassen.

Wärmestrahlen

durchs Dickicht

schwarzer Wälder

lockten mich

ohne Hoffnung

in deinen Schoß.

Knospen welken nicht

sie lassen wachsen.

Vergessen die Ebbe

in der Flut

reißender Träume

bis die Gezeiten

dir Wanderungen

durchs Watt

schmackhaft machen.

Das Klassentreffen

(nach 45 Jahren)

Schwärmerei unter Gleichaltrigen

ist ein Privileg der Jugend.

Alte Geschichten im Abstandsgewand

bunter werden.

Hilft der Unterhaltsamkeit.

Redundanzen erfahren Nachsicht.

Die Abstände der Treffen sollen kürzer werden.

Schon wieder ist eine gestorben.

Die gefährlichste Zeit ist die zwischen 40 und 50.

Da ist man sich einig.

Und doch: Hier kommt keine/r lebend raus.

Die gegenseitige Versicherung,

man habe doch etwas aus dem Leben gemacht,

tut den Seelen wohl.

Es war ein schönes Treffen,

das nächste ist schon vorgemerkt.

Brücken ins Vergangene helfen der Identität.

Und die hat´s immer nötig.

Duell der Farben

Wo Sorgen Gemeinsamkeit erfahren,

das Selbst geborgen bleibt,

wenn Nähe Wärme ist

und andere durch Liebe

dich beschämen,

bleibt Raum

für viele Horizonte

im Abendrot.

So wird möglich,

dass deine Hoffnung

auch bei ihrem Gang

durchs Schwarz

die Fassung nicht verliert.

Erwartungsvolle Blicke

durchs Ostfenster:

junges Licht belohnt,

auch wenn die Zeit reif ist,

immer wieder.

Im Wissen

um die eigene Farce,

den unberechenbaren Fall,

der lehrt,

die Nacht vom Tag

zu unterscheiden,

Glücksinnliches zu spüren,

bleibe ich bereit

für immer neues Blau:

zu nehmen,

was an Wolkenfetzen greifbar ist,

zu geben,

was an Licht zu spenden,

zu lieben,

was seelenverwandt,

zu spüren,

was sinnlich macht.

Wenn Blau

dann gelbe Winde treibt,

das Atmen

keinen Augenblick vergessen –

bis das Orange ist erreicht.

Liebe bewegt.

Verwandte Seelen

bauen große Träume

ins bergige Land.

Junger Duft von Lilien,

Knospe der Verführung.

Die Sonne durchs Westfenster

herbstlich dünn geglaubt,

begierig solcher Nähe,

lichterloh das Feuer legt.

Das oft verletzte

zerbrechliche Ich,

im Wellenreiten der Gefühle

gut geübt,

Fragezeichen als Barrieren,

Sichtblenden vor neue Horizonte setzt.

Alles Werdende krank geglaubt

wirft schwarz das Licht
aufs neu entdeckte Jetzt.
Die Seele wähnt sich im Exil,
dem Dunkel voller Angst
die Treue schwört.

Erhabenes Glück
an zerbrochenen Lippen
als blauer Augenblick gelebt,
in meiner Seele immer noch verpuppt.
Cocon der Liebe
als Pfand belassen
unablässig Wärme strahlt,
ihr Licht zu entfalten.

Erobern und entdecken,
lieben und lieben lassen,
annehmen, ohne aufzurechnen,
geben, ohne zu erwarten,
oranges Licht im dunklen Wald.

Dem eignen Glück

immer wieder

selber

Chancen geben,

müssen wir,

um gelebt zu haben.

Rechenschaft zu legen

am jüngsten Tag.

Der Sonne nah

in bergigem Land.

Am Ende aller Täler

immer wieder

Gipfel stürmen.

Regina gewidmet.

Mutterliebe

Schon vor der Zeit

gewollt sein in Wärme suhlen

glückliche Schmerzen

leibhaftig

den Weg säumten

ins Immergrün

dunkle Töne

Stufen ins Licht

Schleusen zum Glück

Expeditionen mit getragen

selbst Orpheus war willkommen

atmen im Frühlingsduft

leicht gemacht

geblendet Schatten spenden

im Immerda

Nähe als Suggestion

im Jetzt

nach der Zeit

Engel glauben machen

mehr Liebe

geht nicht.

Meine Mutter

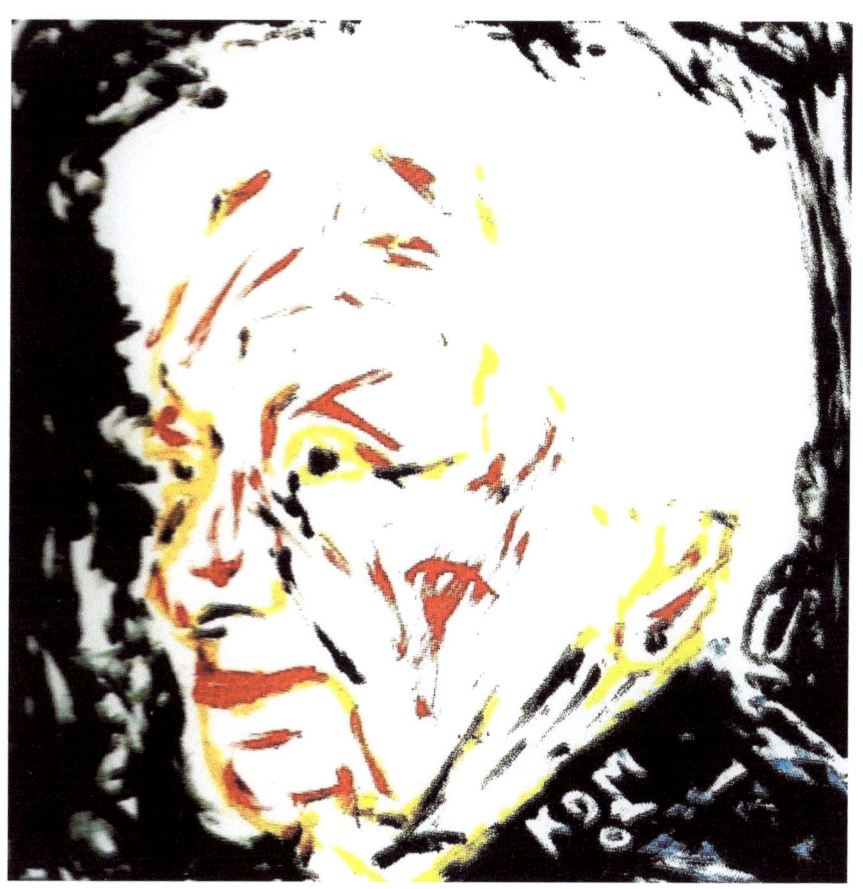

Mein Lustgarten

Im Garten der Lust
sind wir Entmündigte.
Bäume der Vernunft
allenfalls als Unkraut
wahrgenommen,
wenn die Sirenen rufen.

Auch wenn sie
oft nur locken wollen,
bilden ihre schrillen Töne
den Festschmaus meiner Ohren.

Am Käseberg vorbei,
dem Rinnsal köstlicher Saucen entgegen,
die Weinberge empor,
gleich hinterm Tempel der Gemüse
scheiden sich die Geister.

Die einen verlieren sich

in Werkstätten für Nachbildungen

von Wurst, Schnitzel und dergleichen,

die Mehrheit lustwandelt unbeirrt

den Originalen entgegen.

Der Warnungen sind zuviel gewechselt,

alle Routen enden

so hört man,

mit dem sicheren Tod.

Der Alkohol

bewusst genossen,

befreit Blockaden

an der Quelle,

lässt Ideen sprudeln

und Freunde sich bestätigt fühlen.

Am Ende lockt der Freizeitpark

mit tausend Angeboten:

Malen, Schreiben, Komponieren

oder gar nur konsumieren,

was andere sich erdacht.

Ein Blick nach innen,

ins eigene Ich,

die Routen neu bestimmen hilft.

Die Nähe zur Natur, zum großen Ganzen,

hilft zu hoch Gehüpften

der Bodenhaftung nachzuspüren.

Und immer neue Samen

keimen im Garten der befreienden Gefühle –

eine Gnade der Schöpfung.

Sie zu verachten, heißt,

das Dir geschenkte Leben auszuschlagen.

Angst

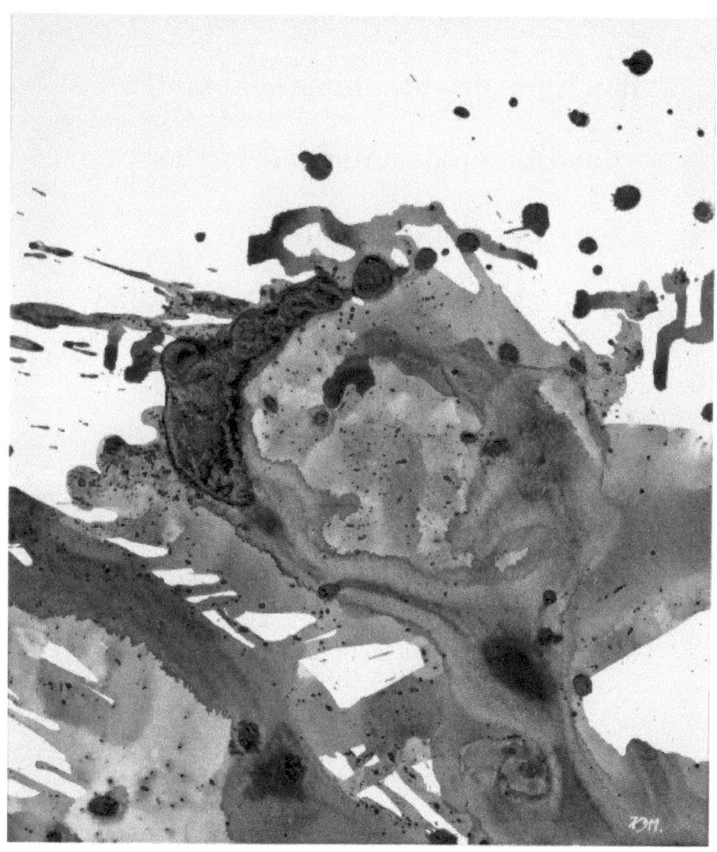

Wider die Angst.

Im Paradies

ist das Geheimnisvolle begraben,

das Ende des Staunens gekommen,

das Blitzen der Augen erloschen,

das Religiöse enttarnt.

Mein ergebenes Streben nach Begreifen,

du tröstende Ahnung vom Sein

am Ziel.

Die Vertreibung aus dem Paradies

als Erlösung.

Tod, wo ist dein Sieg?

Tod, wo ist dein Stachel?

Wohin

Durch die kalten Finger

rinnt die Zeit

beim Greifen brauner Blätter.

Blicke ins ferne Licht zurück

Fragen nach dem Ziel

hinter die Horizonte tragen.

Leere Hüllen, wie Laub

in schwarzer Erde

das Blau vergraben.

An metallischem Bellen vorbei

ist Materie sinnlos geworden,

gottgesandte Helfer

der Seele

Karriere heucheln.

Alles ist möglich dem,

der glaubt (Mk. 9, 23))

Gedanken zu Sinn und Tod

„Tatsachen haben an sich nie einen Sinn, sie sind nur da, und man muss sie in Kauf nehmen, ob sie uns gefallen oder nicht. Erst durch die Art und Weise, wie wir sie in Kauf nehmen, sie deuten oder sie verarbeiten, werden sie für uns und durch uns einen Sinn bekommen. Den Sinn finden wir nie vor. Wir sind für ihn verantwortlich; denn Sinn gibt es nur für freie Wesen, nur für Freiheit in uns selbst. Das Wort `Sinn` verstehen wir überhaupt nur mit dem Organ unserer Freiheit. Und nur unsere vernachlässigte Freiheit leidet dunkel darunter, dass es keinen Sinn mehr gibt...Jeder Sinn, der Sinn überhaupt, die Möglichkeit eines Sinnes, setzt immer einen Mangel voraus. Ohne Mangel gäbe es nur die Verstopfung des seelischen Raumes durch das faktische Vorhandensein. Wäre der Mensch ein Wesen der Fülle, dann würde er nicht zielen, er würde sich nicht sehnen, er würde nach nichts streben. Noch mehr: Das Wort Freiheit hätte für ihn überhaupt keinen Sinn.“

(Jeanne Hersch, Der Sinn für den Sinn, in: Was der Mensch braucht, S. 205 ff, dtv 11142)

Der Sinn des Lebens und das Leben nach dem Tod

Die Frage nach dem Sinn des Lebens ist für uns der letzten Gewissheit Beraubten doch immer zuerst die Frage nach dem „Was kommt danach?" Ist nicht sowieso alles sinnlos, wenn der Tod uns selbst die Erinnerung nimmt?

Das Denken an den Tod ist die äußerste Sorge, um die es im Leben geht. Dieses Denken ist ein Charakteristikum der Philosophie seit ihren Anfängen. (Wilhelm Schmid) Wen will es verwundern, dass es die Klügsten immer beschäftigt, beunruhigt, ja gequält hat, dass sie, so viel klüger sie auch sein mochten, an dieselben Grenzen der Erkenntnis gelangen mussten. Dürrenmatt formuliert es in seinen „Physikern" treffend: „Wir sind in unserer Wissenschaft an die Grenzen gestoßen. Wir haben das Ende unseres Weges erreicht."

Die Kapitulation der Wissenschaft, das Wissen um die Existenz des für uns Undurchdringlichen, schockiert: „War tatsächlich der Weg schon das Ziel? Hat Leben, außer zu leben –

keins?" An diesem Abgrund der Leere aber stehen allerlei Brückenbauer bereit, die Großes versprechen im Reiche des Ungewissen. Aber Versprechen muss man „glauben" können. „Alles ist möglich, dem der glaubt", steht bei Markus dem Propheten. (Mk. 9,23) Recht hat er, nur können muss man`s, das glauben. Die Religionen versprechen viel Hoffnungsvolles:

In Buddhismus und Hinduismus bewirkt der Tod – konkret z. B. im Moment der Totenverbrennung - eine Auflösung des Körpers in seine Bestandteile. Die das Individuum konstituierenden Kräfte (Dharmas im Buddhismus und im Hinduismus die individuelle Seele) gehen in ein neues Wesen, eine Pflanze, ein Tier oder einen Menschen ein. Nach dem moralischen Vergeltungsprinzip aller Taten (Karma) bestimmt die vorherige Existenz die Qualität der Folgeexistenz. Vollkommene Weltentsagung ermöglicht eine Erlösung aus diesem Kreislauf unzähliger Wiedergeburten (Samsara) durch Eingehen in das Nirvana. (Brockhaus, Religionen, S. 644)

Während die griechische Philosophie, im Anschluss an Platon, die Unsterblichkeit der

Seele nach ihrer Trennung vom Leib lehrt, erwartet die Bibel im Neuen Testament die Auferstehung des Menschen in leib-seelischer Ganzheit durch einen neuen Schöpfungsakt Gottes. (Reclams Bibellexikon, 5. Auflage, S. 58)

Johannes Ratzinger, Papst Benedikt XVI., man mag sein Pontifikat kritisch sehen, als katholischer Theologe ist er allemal brillant, widerspricht einer Auferstehung des Menschen in leib-seelischer Ganzheit: „Mag die griechische Unsterblichkeitslehre problematisch sein, ist denn die biblische Aussage nicht noch viel unvollziehbarer für uns? Einheit des Menschen, schön, aber wer vermag sich schon von unserem heutigen Weltbild her eine Auferstehung des Leibes vorzustellen? ... Sowohl Johannes (6, 63) wie Paulus (1, Kor 15, 50) machen mit allem Nachdruck deutlich, dass die ‚Auferstehung des Fleisches', die ‚Auferstehung der Leiber' nicht eine ‚Auferstehung der Körper' ist. Der paulinische Entwurf ist so, von heutigem Denken her gesprochen, viel weniger naiv als die spätere theologische Gelehrsamkeit mit ihren subtilen Konstruktionen über die Frage, wie es ewige Körper geben könne." Eine deutliche Absage eines Papstes an alle naiven Vorstellungen eines Lebens nach dem Tode. Er verspricht stattdessen kryptisch eine „Andersartigkeit des Lebens der Auferstehung, wie es im auferstandenen Herrn vorgebildet ist" und lässt uns wieder allein mit klaren Vorstellungen dessen, was uns erwartet.

Der Koran geht noch weiter. Er verspricht dem Gläubigen bei tadelloser Führung und Verzicht im Diesseits die paradiesische Belohnung im Jenseits. Das Paradies als solches ist grenzenlos, denn es öffnet sich zum Unendlichen hin. Der Koran beschreibt grenzenlosen Genuss: Wir werden tausend Freuden erfahren, zehntausend, eine Million: „Dies ist eine Ermahnung; und siehe, für die Gottesfürchtigen ist wahrlich eine schöne Einkehr: Edens Gärten – geöffnet stehen ihnen die Tore, rückgelehnt darin rufen sie in ihnen nach Früchten in Menge und Trank; und bei ihnen sind züchtig blickende (Jungfrauen), Altersgenossinnen. Dies ist's, was euch verheißen ward für den Tag der Rechenschaft. Siehe, dies ist wahrlich unsre Versorgung; sie nimmt kein Ende." (Sure 38, 49-54). „Siehe, für die Gottesfürchtigen ist ein seliger Ort, Gartengehege und Weinberge,

Jungfrauen mit schwellenden Brüsten, Altersgenossinnen, und volle Becher." (Sure 78, 31-34)

Wie oft habe ich ebenso neidvoll wie verständnislos denen zugehört, die zweifelsfrei glauben können. Und mit zunehmendem Alter auch selber damit geliebäugelt, glauben zu lernen:

Zum bedingungslosen Glauben aber bin ich nicht geeignet. Ich kann mir mit Albert Einstein einen Gott nicht einbilden, der die Objekte seines Schaffens belohnt und bestraft, der überhaupt einen Willen hat nach Art desjenigen, den wir an uns selbst erleben. (Albert Einstein, Wie ich die Welt sehe, in: Der Sinn des Lebens, S. 358 ff., dtv 30744)

Und der „gerechte Gott"? Ich erinnere mich an das Weihnachtsfest 2004. Über 200.000 Tote in Südostasien durch diese verheerende Flutkatastrophe nach einem unvorstellbaren Seebeben im Indischen Ozean. Keine Frühwarnsignale – Ohnmacht! Die sogenannten Tsunami-Fluten verwüsteten ganze Regionen Südostasiens, ganze Dörfer, selbst Inseln waren in den Fluten untergegangen. Angesichts dieser Katastrophe rückte auch die Frage nach Gott wieder in den Mittelpunkt, sogar in den Mittelpunkt der öffentlichen Diskussion. „Wie kann er so etwas zulassen?" Diese sogenannte Theodizee-Frage ist eine der zentralen Fragestellungen in der Theologiegeschichte – Gelehrte in aller Welt versuchen seit Jahrhunderten, plausible Erklärungen für Überschwemmungen, Kriege und Leid zu finden. Wo ist Gottes Gerechtigkeit angesichts der Übel in der Welt? Theologen antworteten auch auf die Apokalypse in Asien mit dem üblichen Achselzucken: „Das Tun Gottes können wir nicht verstehen. Solche Katastrophen können uns daran erinnern, dass wir Gott nicht in die Karten schauen können, dass sein Tun ein Geheimnis, ein Mysterium ist, manchmal ein schmerzliches Geheimnis." Schon Jesus hatte die Theodizee-Frage in dieser Form zu beantworten versucht, als er lehrte, dass das Übel eine Herausforderung an den Glauben ist, dass Gott gerecht ist, dass es eine Jenseitshoffnung gibt und leidenden Menschen im Paradies Gerechtigkeit widerfahren wird. So soll der Glaube an ein Leben nach dem Tod für die Menschen zum Trost werden auch in der Katastrophe. Heute heißt das so: „Wir können nicht verstehen, wir können nur vertrauen, dass hinter allem doch ein Sinn steckt, den wir eines Tages in seinem hellen Licht erkennen können. Heute aber bleiben wir im Dunkeln."

Und so bin ich wieder bei Einstein und seiner Liebe zum Geheimnisvollen: „Das Schönste, was wir erleben können, ist das Geheimnisvolle. Mir genügt das Mysterium der Ewigkeit des Lebens und das Bewusstsein und die Ahnung von dem wunderbaren Bau des Seienden." Der Theologe Karl Rahner formuliert es so: „Wir müssen liebend akzeptieren, dass der umgreifende Kontext sich uns als `Geheimnis` entzieht."

Es bleibt die Möglichkeit, dass das Leben nicht überhaupt, sondern nur in dieser Form zu Ende ist. Der Tod ist eine Grenze, aber er existiert nicht „an sich" – er ist abhängig von der Vorstellung, die man sich von ihm macht.

Die mir sympathische Philosophie der Lebenskunst etwa folgt eher der antiken stoischen Philosophie. Ihr geht es um ein Bewusstsein von der Begrenztheit des Lebens, nicht um „ein Sein zum Tode". Wir verdanken dem Tod die Begrenzung des Lebens. Würde es die Grenze nicht geben, wäre die Gestaltung des Lebens gleichgültig. Denn wozu jetzt das Leben leben, wenn man dies auch in ferner Zukunft noch tun kann? Ein unsterblich langweiliges Leben wäre wohl das Ergebnis, das darin bestehen könnte, das Leben endlos aufzuschieben. Im Umkehrschluss fordert uns der Tod als Grenze dieses Lebens auf, jetzt zu leben und es auf möglichst erfüllte Weise zu tun.

Und so schließe ich keine der so hoffnungsvollen Vorstellungen vom „Leben nach dem Tode" aus, akzeptiere den Käfig des für mich Begreifbaren und entdecke meine Liebe zum Geheimnisvollen immer wieder neu, denn das Geheimnisvolle lässt gnädig grenzenlosen Raum fürs Hoffen. Hoffen auf Ovids „Alles wandelt sich, nichts geht verloren." Hoffen auch auf Gott. „Wir sehen an den Werken der Natur, die wir beurteilen können, so ausgebreitete und tiefe Weisheit, die wir uns nicht anders als durch eine unaussprechlich große Kunst eines Weltschöpfers erklären können." (Immanuel Kant, Das Lebewesen und der Mensch als Endzweck)

„Im Tode der Natur liegen schon die Keime des Lebens." (Dietrich Bonhoeffer)

Fazit:

Uns bleiben die vielfältigen hoffnungsvollen Vorstellungen vom „Leben nach dem Tode", denn das Geheimnisvolle lässt gnädig grenzenlos Raum fürs Hoffen. Hoffen auch auf Gott. Denn alles ist möglich dem, der glaubt.

Ich habe diese Gedanken in einem Gedicht zusammengefasst, das Mut machen soll, jeden Augenblick des eigenen Lebens zu nutzen, zu genießen, und alle werden spüren, wenn sie das Leben voll auskosten, kommt der Tag, an dem uns die ständige Wiederholung der uns im Leben zur Verfügung stehenden Möglichkeiten von Liebe, Anerkennung und Genuss, der Variationen von Freude und Frust schwer verdaulich werden, wir das Interesse verlieren am Immer-Wieder-Konsumieren des Immer-Wieder-Gleichen und Auferstehung so als Monotonie des bisher schon Möglichen und Ausgelebten entlarvt wird und Glaube wie Hoffnung das Ungewisse – den Tod – als spannenden Ausweg erkennen. Meine Mutter sagte zu mir am Tag vor ihrem Tod im 90. Lebensjahr: „Jetzt wird es

Zeit, mein Leben ist gelebt, die Wiederholungsschleifen werden unerträglich." Das hat mir Mut gemacht und Angst genommen.

Deine Zeit.

Eines jeden

Zeit kommt

und verliert sich

zwischen Bodenhaftung

und der Suche

nach Edelweiß

im Ungewissen,

wo die Hoffnung regiert

beim hilflosen Streben

nach Unsterblichkeit.

Im Jetzt

viele Leben leben.

Wohl fühlen,

ohne das Sinnliche

verstehen zu wollen

in allen Formen und Fassaden,

bis Wiederkehr

als Monotonie

des bislang schon Möglichen

entlarvt.

Glaube

das Ungewisse

als Ausweg erkennt.

Halleluja.

Wiederholungsschleifen wider die Angst

Die Zeit flieht

an den Dornenvögeln vorbei

ins Nichts.

Soll ich das Schicksal bedauern,

meiner Zeit folgen zu müssen?

Das Nichts hat keine Seele.

Sind der Seelenwanderungen

nicht genug vollbracht?

Müssen alte Reiseziele

immer Neues heucheln?

Man trifft Niemanden,

den man ins Herz geschlossen.

War nicht schon alles gesagt,

was die aus unseren toten Herzen

Befreiten

nicht verklären könnten?

Wir haben uns

in der Beliebigkeit der Postmoderne

feiern lassen.

Die Freiheit,

die wir meinen,

als grenzenlose Nabelschau

ist ohnehin zu Staub verkommen.

Da scheint mir

das Mysterium der Ewigkeit

Aussicht genug.

Nichts geht verloren.

Vom Himmel hoch, da komm ich her.

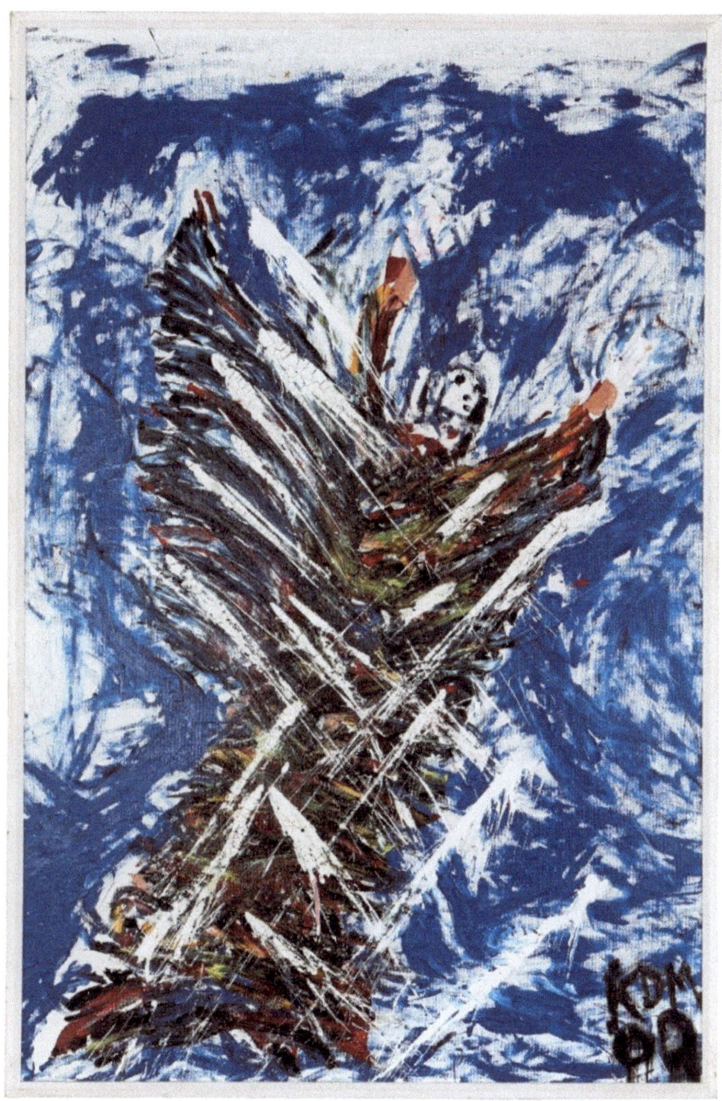

Engel schwebt herab (eine Komposition von Daniel Laumans)

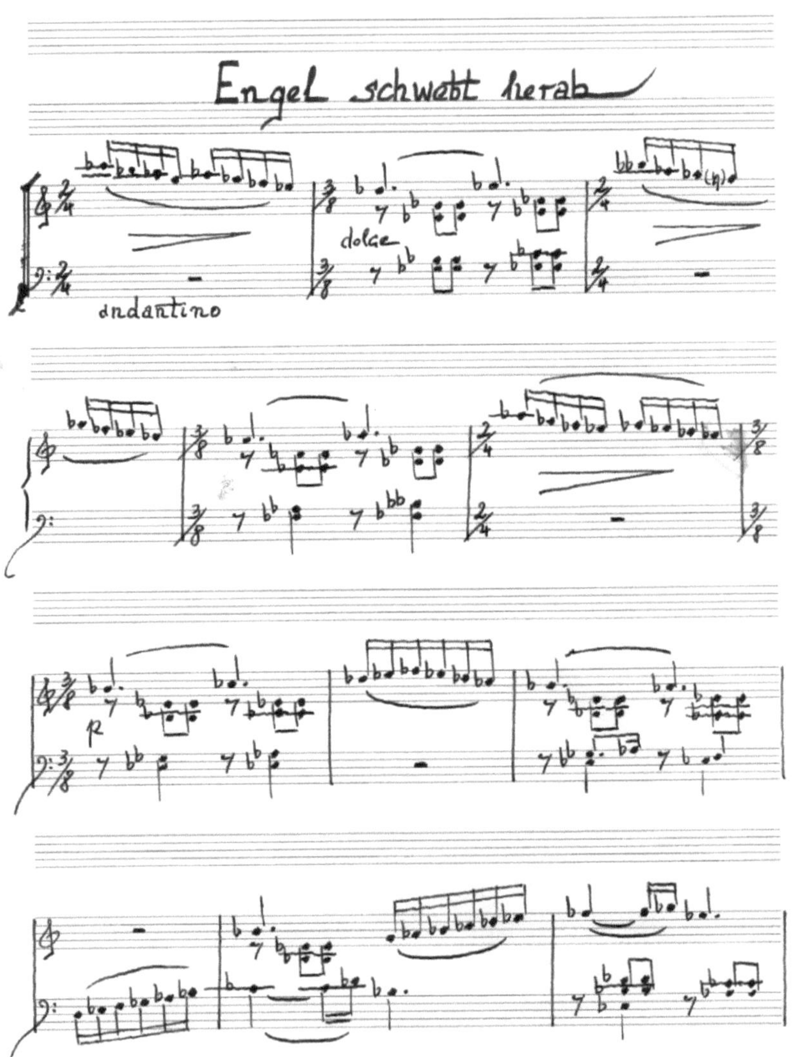

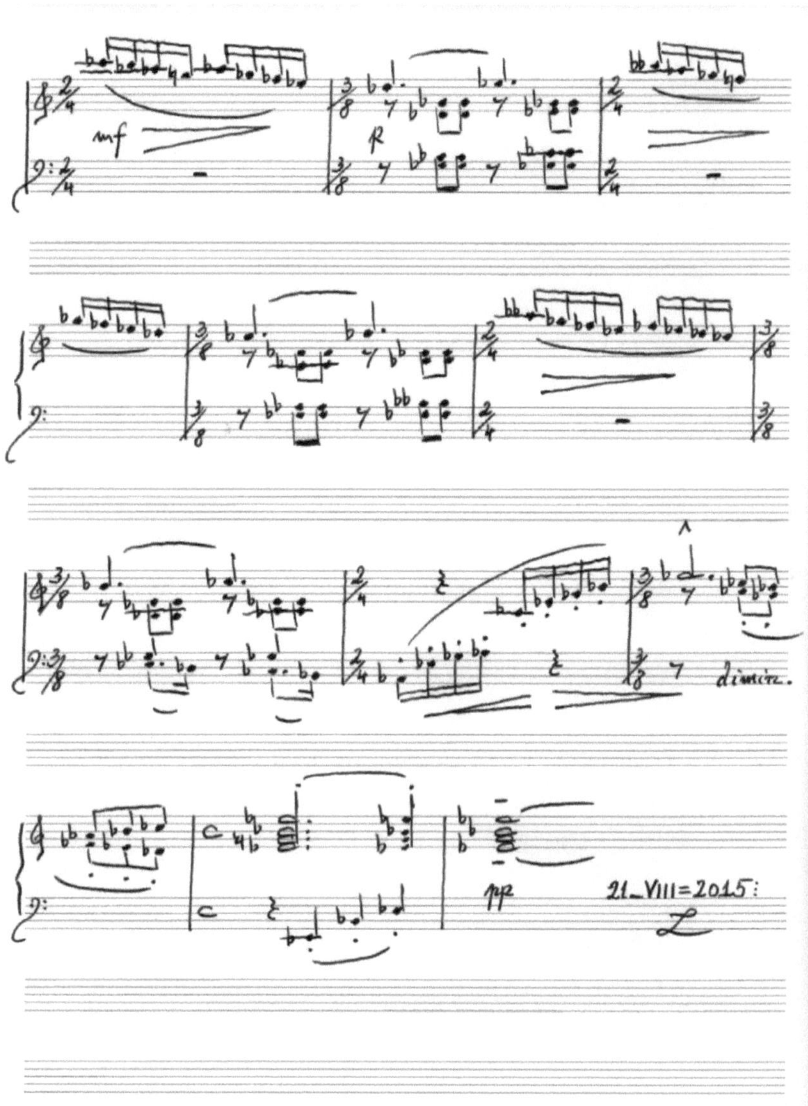

mf
R
21_VIII=2015:
pp
dimin.

Lebensart und Lebenskunst

Beim Leben im Jetzt spielt für uns umgangssprachlich ein Begriff eine große Rolle: Alle möchten sich eigentlich nur *wohlfühlen.* Wann fühlt man sich denn wohl? Das kann von Mensch zu Mensch sehr unterschiedlich sein. Das hat mit Neigungen und Leidenschaften zu tun, mit Körperlichkeit im Sinne von Belastbarkeit, Gesundheit oder Krankheit, aber offenbar auch damit, wie ich mein Leben organisiere und gestalte.

Viele Menschen, zu viele, finden die geeignete Lebensform und Lebensart nicht: Fast 10.000 Menschen nehmen sich in Deutschland jedes Jahr das Leben, vor allem aber steigt die Zahl der emotional Erschöpften rasant. Schon wird von der „Generation ausgebrannt" gesprochen. In Deutschland durchgeführter Studien zufolge sind rund 7% aller Erwerbstätigen von dem sog. Burnout-Syndrom betroffen. In Finnland kam eine epidemiologische Querschnittstudie zur arbeitenden Bevölkerung gar zur Erkenntnis, dass 25 % betroffen seien. Dieser von Erschöpfung, innerer Unruhe, Anspannung und gesunkener Motivation gekennzeichnete dauerhaft negative Seelenzustand hat viele Ursachen. Es geht um komplexe Wechselwirkungen von Arbeitsbedingungen und individuellen Voraussetzungen. „I´ve done too much for too long with too little regard for myself", fasst es ein Betroffener treffend zusammen. (hierzu näher:www.burnout-info.ch)

Die stetig wachsende Dynamik von Veränderungen, immer stärkerer Wettbewerb und Rationalisierungsdruck und die dadurch wachsenden Anforderungen an Mobilität und Flexibilität überfordern die durchschnittliche Aufnahme- und Leistungsfähigkeit der in Industrienationen lebenden Menschen zunehmend. Man ist von morgens bis abends damit beschäftigt zu funktionieren, es bleibt keine Zeit zu reflektieren, was ich da eigentlich tue, ob es meinen Zielen und Idealen entspricht. Ich erlebe es im Coaching von Menschen, die sich in einem für sie wichtigen Veränderungsprozess befinden, immer wieder, wie gut es ihnen tut, wenn wir Vergangenes bewerten (Biografiearbeit) und die Fragen nach dem Wohin ausführlich stellen und zu beantworten versuchen: Welche Werte sind mir wichtig? Was will ich erreichen? Was sind meine Ziele? Habe ich vor dem Hintergrund meiner Stärken und Schwächen bislang den richtigen Weg gewählt? Woran habe ich Freude? Was erledige ich nur widerwillig? Wie kann ich meine Umgebung (Familie,

Freunde) positiv in meine Planungen mit einbeziehen? Wir kennen diese Fragen aus der Diskussion um Unternehmensleitbilder über deren Selbstverständnis und Grundprinzipien (mission statement). Das Innehalten, das Zwischenbilanz ziehen und die Neuausrichtung meines eigenen Handelns ist aber für jeden Einzelnen von größter Bedeutung. Ich nenne es die Frage nach meiner „Mission".

Wilhelm Schmid bezieht die zeitliche Dimension eines Lebens durch Verweis auf Senecas Schrift „Von der Kürze des Lebens" (de brevitate vitae) in die Überlegungen mit ein und fasst die Bedeutung einer retrospektiven und positiven Erweiterung des eigenen Horizonts zusammen:

„Wer das Leben ʼlangʻ haben will, erreicht dies nicht durch eine wie auch immer geartete Verlängerung des Lebens, sondern nur durch eine zeitliche Erweiterung des geistigen Horizonts, um den gegenwärtigen Vollzug der Existenz im Licht des Vergangenen (der Erfahrungen, die jemals gemacht, und der Gedanken, die jemals gedacht worden sind), sowie des Künftigen (der Möglichkeiten, die sich abzeichnen und die denkbar sind) zu sehen. Die retrospektive (rückschauende) und prospektive (vorausschauende) Erweiterung des Horizonts bewirkt

eine Verdichtung des Lebens in der jeweiligen
Gegenwart, in der allein gewählt und gehandelt werden kann. Das Selbst bewegt sich im
weiten Horizont dessen, was war, um aus diesem unendlichen Fundus seine Orientierung
für die Gegenwart zu gewinnen, und (bewegt
sich) ebenso im unabsehbaren Horizont des
Künftigen, weit über das eigene Leben hinaus,
um das, was kommt, vorweg zu bedenken und
vorzubereiten. So ist es nicht mehr eingeschlossen in die unmittelbar eigene, äußerst begrenzte Zeit… unweigerlich verringert sich die
Spannweite des Möglichen, in ständig sich verkürzenden Zeitspannen wird der Raum zur Realisierung der verbliebenen Möglichkeiten
knapper. Wenn das Subjekt nicht längst Sorge
dafür getragen hat, seine Vorstellungen von einem möglichen Leben auf den Weg zur Verwirklichung zu bringen, wächst mit dem Fortschreiten der Zeit allenfalls seine Verbitterung,
denn die großen Träume erfüllen sich nun gewiss nicht mehr. Die Zeitschere zerschneidet
die Zeit; das, was ist, und das, was künftig sein
wird, rückt immer enger zusammen, bis es im
Punkt der Gegenwart zusammentrifft und die
Zeit endgültig durchtrennt wird. Dass die
Schere sich schließt, ist nicht zu verhindern; zu
verhindern ist jedoch durch den rechtzeitigen

Gebrauch der Zeit, dass sie die besten Möglichkeiten zerstört.“

Darum ist es so wichtig, immer mal wieder aus
der Maschinerie des Alltags auszubrechen, sich
zurückzuziehen, um Bilanz zu machen und den
Weg neu zu justieren. Das gelingt am besten in
der Stille.

„Die Bäume, die Blumen, die Kräuter,

sie wachsen in der Stille.

Die Sterne, die Sonne, der Mond,

sie bewegen sich in der Stille.

Die Stille gibt uns eine neue Sicht der Dinge.“

(Mutter Teresa)

„Es gibt vielerlei Lärm. Aber es gibt nur eine
Stille.“

(Kurt Tucholsky)

Stille wird auch für viele spirituelle Handlungen als Voraussetzung genannt. Hier geht es
aber insgesamt um Mehr, um die Überschreitung der Grenzen meines individuellen Lebens.

Grenzen überwinden, Spiritualität erleben

Robert Nozick zieht einen weiten Handlungsrahmen und spricht von all den Dingen und Gründen, die einem das Gefühl eines sinnvollen Lebens verschaffen, über die eigenen engen Grenzen hinausführen und eine Verbindung mit etwas anderem herstellen." Kinder, Kontakte zu anderen Menschen, anderen zu helfen, für Gerechtigkeit zu streiten, alte Sitten zu bewahren und zu tradieren, Wahrheit, Schönheit oder eine bessere Welt zu suchen – das und anderes verbindet den Menschen mit etwas, was größer ist als er". Es geht um die Verbundenheit, ja die gefühlte Einheit mit etwas anderem. Das kann Gott oder ein anderes höheres Wesen sein. Aber auch der ganze Kosmos und die Natur: „Ich lag auf dem Rücken unter den Sternen und den unsichtbaren Galaxien, und ich ließ ihre Größe in mich gehen. Ich spürte die Unermesslichkeit der Distanzen, und ich ging die Wege rauf und ich ging die Wege runter, und ich war mit allem eins, und das berührte mich zärtlich wie ein Gregorianischer Choral".

Es kann um die Beziehung zu anderen Menschen gehen. Ich öffne mich anderen gegenüber, bin bereit, Verantwortung für andere oder gesellschaftliche Gruppen zu übernehmen. Etwas Sinnvolles tun und dabei über sich hinauswachsen. Aber gerade für die Bereitschaft, Verbundenheit mit anderen zu suchen, muss ich mich selbst transzendieren können, also die Selbstbezogenheit, die „jämmerliche Existenz im bloßen Ego" aufgeben. Das aber gelingt wahrscheinlich nur, wenn ich auch an mir arbeite, mehr Vertrauen in mich selbst gewinne, um sensibler zu spüren, was ich bislang an Zuwendung, Zuneigung oder gar Liebe nicht wahrgenommen habe.

„Je stärker sein Engagement für eine Sache, desto weiter gelangt er über seine Grenzen hinaus. Durch die Verwicklung in weltgeschichtliche Ereignisse wird einer vielleicht in größere Zusammenhänge hineingestellt, während seine privateren Dimensionen so beschränkt bleiben wie früher. Was Zwischenmenschliches anbelangt, so ist es die Liebe, die uns den weitesten Sprung über die Grenzen des Eigeninteresses tun lässt. In der Liebe zwischen reifen Menschen – Menschen, die offen füreinander sind und sich vertrauen, die die mit Sorgfalt errichteten Abschirmungen des Innenlebens niederreißen und einander eingestehen, nunmehr vor inneren Verletzungen ungeschützt zu sein – hebt man sich nicht nur über einige Grenzen des Ichs hinweg, sondern löst sie auf", beschreibt Nozick seine Vorstellungen, Grenzen zu transzendieren. Die Grenzen des in seiner Zeit gefangenen Ichs zu überwinden, heißt, die Grenzen der Erfahrung und der sinnlich erkennbaren Welt im Hier und Jetzt zu überschreiten versuchen, also den Blickwinkel auf ein transzendentes Zentrum zu richten, also auf nicht erklärbare immaterielle geistige Energien vertrauen. Wir befinden uns im Spannungsfeld der Spiritualität.

„Mit dem Begriff Spiritualität wird eine nach Sinn und Bedeutung suchende Lebenseinstellung bezeichnet, bei der sich der/die Suchende ihres ʻgöttlichen Ursprungsʼ bewusst ist (wobei sowohl ein transzendentes als auch ein immanentes göttliches Sein gemeint sein kann, z. B. Gott, Allah, JHW, Tao, Brahman, Prajna, All-Eines u. a.) und eine Verbundenheit mit anderen, mit der Natur, mit dem Göttlichen usw. spürt. Aus diesem Bewusstsein heraus bemüht er/sie sich um die konkrete Verwirklichung der Lehren, Erfahrungen oder Einsichten im Sinne einer individuell gelebten Spiritualität, die durchaus auch nicht-konfessionell sein kann“, definiert Arndt Büssing Spiritualität.

Und ich füge hinzu: Spiritualität muss in keiner Weise religiöser Natur sein, in der säkularen Gesellschaft haben sich die Menschen davon entfernt, „religiöse Verordnungen“ zur Grundlage ihrer Suche nach Richtung und Halt machen zu lassen, sie beanspruchen Selbstbestimmung und machen sich auf die Suche nach ihrem eigenen spirituellen Weg.

Bucher bezieht sich auf qualitative Studien von Clark (2004) und fasst zusammen:

„Spiritualität besteht … darin, dass der Mensch sich selbst transzendieren kann, und dies sowohl zu einem höheren, geistigen Wesen als auch hin zur Natur und zur sozialen Mitwelt. In dem Maße, in dem das Ich sich in diese Verbundenheit hinein transzendiert, geschieht auch die Realisierung eines Selbst, das Mehr ist als das Ich.“

Spiritualität ist ein vielschichtiges Phänomen und begegnet uns überall und in vielen Facetten:

- Suchen und Streben nach umfassender Erkenntnis und Überschreitung meines geistigen Horizonts.
- Selbstfindung: Fragen nach dem Sinn des Lebens und der eigenen Lebensaufgabe, die Reise in mein Ich (Individuation).
- Einheitserfahrungen (connectedness) und ganzheitlicher Umgang mit anderen und der Umwelt.
- Demut und Dankbarkeit, Sein zu dürfen im Wissen um die Existenz des für uns undurchdringlichen geheimnisvollen Ganzen.
- Vertrauen auf und Hinwendung zu Gott oder einem anderen höheren Wesen.
- Hoffnung und Glaube an Prä- und Postexistenz (Leben vor der Geburt und nach dem Tod, Möglichkeit von Karma und Reinkarnation.

In der Praxis äußert sich Spiritualität bislang vor allem im Gebet und in der Meditation.

Eine immer größere Rolle spielen spirituelle Rituale, Übungen und Handlungen aber auch in Therapie und Coaching. Von der Achtsamkeit bis zum ZEN reichen die Schulen der Meditation. Stets geht es darum, den Blick nach innen zu richten. Meditation soll das Bewusstsein erweitern und eingefahrene Denkmuster und Verhaltensweisen lösen.

Spiritualität und körperliche Gesundheit

Spiritualität wurde lange als „religiös weltabgewandt" oder als „esoterische Spinnerei" abgetan. Die Bedeutung der Spiritualität, auch und besonders im 21. Jahrhundert, wird gut nachvollziehbar, wenn wir die neueren Erkenntnisse der Medizin zu den gesundheitlichen Auswirkungen von Spiritualität erfahren:

Im „handbook of religion and health" (Koenig, McCullogh & Larson, 2001) werden mehr als 1.000 Studien zur Relation von „Spiritualität und Gesundheit" dargestellt. Bucher fasst das Ergebnis zusammen: Überwiegend zeigten sich positive Effekte, auf die Psyche ebenso wie auf den Körper, die spirituell betrachtet ohnehin nicht zu trennen sind. Spiritualität verlängert die Lebenserwartung, reduziert das Risiko von Zivilisationskrankheiten, speziell kardiovaskulären, vermindert Stress und erhöht in aller Regel das Wohlbefinden.

In meinem 2016 im Fink-Verlag erschienenen Buch „Das iPhone und der liebe Gott" beschreibe ich näher Irrwege und Auswege aus den Dilemmata unserer Höchstleistungsgesellschaft.

Auszeiten.

Das Tauchen

in frisch ergrünten Wäldern,

tiefes Atmen

nach dem Sinn,

tönende Freiheit

in buntem Gefieder,

die Schöpfung

zum Begreifen nah.

Wenn kleine Augen

aus Vertrauen strahlen,

Sicherheit

die Körpernähe sucht,

wichtig Geglaubtes

die Fassung verliert,

gehst du der Ewigkeit

ein Stück entgegen.

Wenn zarte Berührung

schon elektrisiert,

Gefühle unter Strom

Wolken auf den Boden ziehen,

wer den Sinn

in diesem Nebel findet,

erlebt

die Leichtigkeit

des Seins.

Wenn Meister Eckhart

dich beseelt,

du vom Leben lassen kannst,

das Selbst

schonungslos

zu Worte kommt,

die Angst

auf besinnlichen Pfaden

sich verliert.

Zeitgeist.

Wenn ich mich zufrieden sehe,

macht sich der Zweifel wichtig.

Schon früh als Leiter ans Hochbett gestellt,

sein Rot im Zeitenlauf zum Grau verkommt.

Widersprüche übersehen dürfen,

das Selbst gelassen spiegeln lernen,

der freie Fall dem Glück gewogen.

Die Angst das Ziel in weite Ferne spinnt,

der Blick nach links und rechts

die Zeit aufs Jetzt begrenzt.

Das Haben lernt das Sein zu schätzen.

Klettern will ich eh nicht mehr,

groß und stark schon lange nicht.

Zufrieden will ich.

Dankbar muss ich.

Auf den Tod wartet man nicht.

Wenn erste Zacken aus der Krone brechen.

Kronprinzen längst verdeckt regieren.

Dein Zeitbudget keine langen Sprünge

mehr verspricht.

Das Rosarot immer schneller

zu gedeckten Farben wechselt,

musst du nach Perspektiven fragen.

Das Schwarz braucht immer wieder blaue
Ziele.

Schreib dir dein Leben von der Seele.

Horizonte malen

und Wege über sie hinaus.

Der Tod

selbst die Erinnerung

dir nimmt.

Komm ihm zuvor.

Der dynamische Kreis hat Halt gefunden

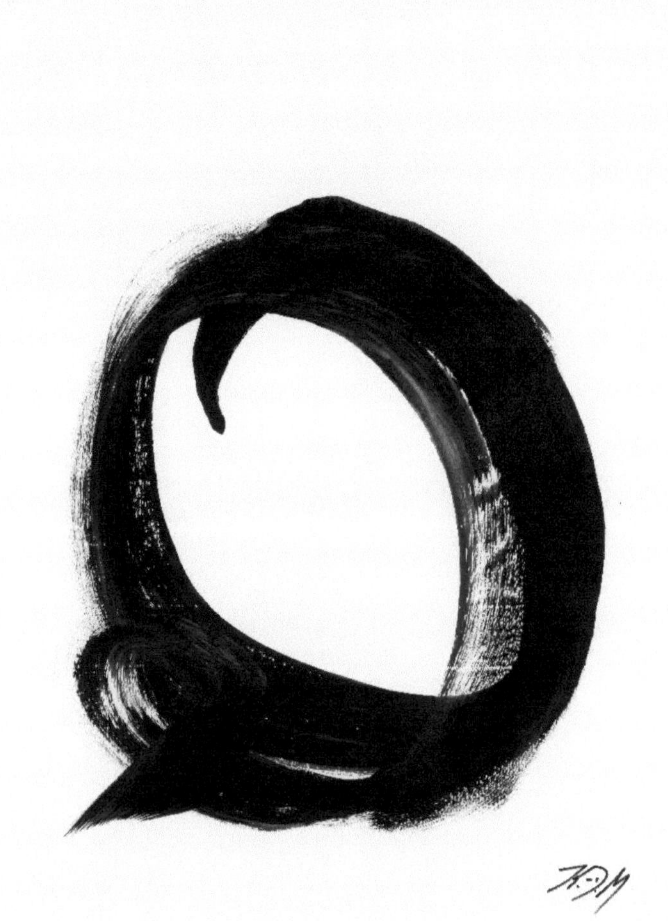

Literatur

Im Kapitel: Medien und Verantwortung im digitalen Zeitalter

Stefan Hradil (Hrsg.) (1997): Differenz und Integration. Die Zukunft moderner Gesellschaften. Verhandlungen des 28. Kongresses der Deutschen Gesellschaft für Soziologie in Dresden 1996, Plenum VII (Transformationsprozesse medialer Kulturen in der Moderne). Campus, Frankfurt/m und New York

Carsten Winter (2005): Von der Globalisierungstheorie zur Medienkulturforschung. In: Andreas Hopp/Friedrich Krotz/Carsten Winter (Hrsg.): Globalisierung der Medienkommunikation. Eine Einführung. Verlag für Sozialwissenschaften, Wiesbaden, S. 69 – 90.

Andreas Hepp/Friedrich Krotz/Shaun Moores/Carsten Winter (Hrsg.) (2006): Konnektivität, Netzwerk und Fluss. Konzepte gegenwärtiger Medien-, Kommunikations- und Kulturtheorie. Verlag für Sozialwissenschaften, Wiesbaden 2006. S. 7 – 19.

Kai Hafez (2005): Mythos Globalisierung. Warum die Medien nicht grenzenlos sind. Verlag für Sozialwissenschaften, Wiesbaden.

Ulrich Sarcinelli/Jens Tenscher (Hrsg.) (2003): Machtdarstellung und Darstellungsmacht. Beiträge zu Theorie und Praxis moderner Politikvermittlung. Nomos, Baden-Baden;

Günther Langauer (2007): Postmoderne Nachrichtenlogik. Redaktionelle Politikvermittlung in medienzentrierten Demokratien. Verlag für Sozialwissenschaften, Wiesbaden.

Rüdiger Funiok (2007): Medienethik. Verantwortung in der Mediengesellschaft. Kohlhammer, Stuttgart.

Thomas Meyer (2001): Mediokratie, Die Kolonisierung der Politik durch die Medien, edition suhrkamp, Frankfurt am Main

Im Kapitel: Die Wissensgesellschaft als Therapie für den informationellen Kapitalismus

Uwe H. Bittlingmayer (2005): Wissensgesellschaft als Wille und Vorstellung, UVK Verlagsgesellschaft, Konstanz

Jürgen Gerdes (2006): Der „Dritte Weg" als ideologische Kolonialisierung der Lebenswelt. Die Sozialdemokratie in der Wissensgesellschaft. In: Uwe Bittlingmayer/Ulrich Bauer (Hrsg.), Die „Wissensgesellschaft". Mythos,

Ideologie oder Realität? Wiesbaden, S. 553-613)

Im Kapitel: Das Versagen der Eliten und die Renaissance der kollektiven Dummheit

Heiner Mühlmann (2005): MSC Maximal Stress Cooperation, Die Antriebskraft der Kulturen, Springer Wien New York

Werner van Treeck (2015): Dummheit. Eine unendliche Geschichte, Reclam Stuttgart

Jean Ziegler (2015): Ändere die Welt! Bertelsmann München

Robert Musil (2014): Über die Dummheit, Reclam Stuttgart

Im Kapitel: Der Sinn des Lebens und das Leben nach dem Tod

Albert Einstein, Wie ich die Welt sehe, in: Der Sinn des Lebens, S. 358 ff., dtv 30744

Die Autoren

Dr. Klaus-Dieter Müller,

1951 in Holstein geboren,

Medien- und Politikwissenschaftler,

Autor, Maler, Professor für Medienpolitik und Entrepreneurship an der Filmuniversität Babelsberg, neun Jahre Berufspolitiker,

lebt und arbeitet in Berlin und Ottersbach (Südsteiermark).

Gerald Goecke

Gerald Goecke wurde 1955 in Hanau geboren. Nach dem Abitur folgte das Studium der Rechtswissenschaft an der Christian-Albrechts-Universität zu Kiel, welches er 1981 mit dem 1. Staatsexamen abschloss. Er wurde Assistent am Lehrstuhl von Prof. Dr. Horn im Institut für Wirtschafts- Umwelt- und Steuerstrafrecht der CAU Kiel. 1985 folgte das 2. Staatsexamen. Seit 1985 ist er als Rechtsanwalt in Kiel tätig. Seine Schwerpunkte sind: Unternehmensbezogene Strafsachen und das Recht der Parlamentarischen Untersuchungsausschüsse. Neben seiner bundesweit anerkannten Anwaltstätigkeit ist Gerald Goecke

Eingeweihten als sensibler Autor und kritischer "homo poltiticus" ein wohltuender Gesprächspartner und Freund.

Daniel Laumans

Seit seiner Kindheit begleitet ihn Musik durch sein Leben. Reisen in ferne Länder nutze er, um in staubigen Archiven nach alten Manuskripten mit vergessener Claviermusik zu forschen, und sich von Land, Luft, und Leuten inspirieren zu lassen.

Vielfältige Impressionen aus teilweise jahrelangen Aufenthalten u.a. in der Karibik, in Polen, Portugal, Irland, Indien, Dänemark, Griechenland, und der Türkei beeinflussen seine Klänge in Komposition, Improvisation und Interpretation.

Rhythmus, Melodie, und Freiheit des Ausdrucks charakterisieren sein Werk, welches ebenso zärtlich verträumt wie kraftvoll virtuos daherkommen kann. Durch diese Vielfalt und diese Gabe sieht er sich in der Lage, auch abseits der gängigen Wege ein Publikum anzusprechen, dass ansonsten mit der Musik des Barock oftmals nicht in Kontakt getreten wäre, es so aber als Bereicherung wahrnimmt.

Lidia Kalendareva + Alin Christian Oprea

Nach mehrjährigem Klavierunterricht in Sankt-Petersburg bei Konzertpianistin und Musiktheaterregisseurin Lubov Boruchzon folgte ein mit Auszeichnung beendetes Klavierstudium bei Bernd Zack an der Hochschule für Musik und Theater Rostock und ein Musiktheoriestudium mit dem Schwerpunkt Stilgebundene Komposition bei Hartmut Fladt und Stefan Prey an der Universität der Künste Berlin. Während ihrer Studiumszeit gewann Kalendareva viele Klavier- und Kompositionswettbewerbe in Sankt-Petersburg, Prag, Wien, München, Berlin, Frankfurt am Main, Zürich, New Jersey und Los Angeles. 2009 wurde sie mit dem Filmmusikpreis Franz Grothe von Enjott Schneider und Andreas Weidinger als „Beste Nachwuchskomponistin" in München ausgezeichnet. 2013 gewann sie drei Preise beim internationalen Sergei Rachmaninov Kompositions-wettbewerb für die Klavierkompositionen Sonata Nostalgia, Elegie Nostalgia und Prelude Nostalgia. Die Kompositionen von Kalendareva und Alin Cristian Oprea wurden mit renommierten Künstlern und internationalen Orchestern eingespielt, wie z. B. dem Tonhalle Orchester Zürich unter der Leitung des Filmmusikdirigenten Frank Strobel, dem Deutschen Filmorchester Babelsberg mit seinem Dirigenten

Bernd Wefelmeyer, dem Radio & Symphonie-
orchester Sankt-Petersburg, den Georgian
Sinfonietta und dem Klaviertrio Some Hand-
some Hands. Alin Christian Oprea gewann
während des Studiums, unter anderem an der
HFF Hochschule für Film und Fernsehen
Potsdam-Babelsberg, der heutigen Filmuniversität Babelsberg, mehrere internationale
Klavier- und Kompositionswettbewerbe in Los
Angeles, Berlin, Zürich, Hamburg, München
und New Jersey.2014 erhielt Alin Cristian O-
prea beim Komponisten Wettbewerb der internationalen Sommerakademie für Filmmusik,
Gamesmusic und Sounddesign in Hamburg
den "Games Music Award".